TU IDEA, TU ÉXITO: VALIDA TU IDEA Y EMPRENDE CON SEGURIDAD

GUÍA PARA ASENTAR LAS BASES DE EMPRENDIMIENTO

Ninguna parte de este libro puede ser escaneada, reproducida o distribuida en forma impresa o electrónica sin el permiso previo del autor o editor.

COPYRIGHT 2025 – ECONOEMPRENDEDOR

Estamos encantados de recibir reviews de nuestros clientes. Si tienes la oportunidad de dejar una review, estaremos muy agradecidos.

¡Muchas gracias!

EPÍLOGO

En este manual aprenderás como validar en el mercado tu idea de emprendimiento para poder empezar con más seguridad. Esta guía te explica paso a paso de como averiguar si tu idea tiene hueco en el mercado real para que no inviertas capital y tiempo antes de verificarla.

En esta guía aprenderás a:

- ✓ Ahorrar capital y tiempo: descubre como optimizar tu tiempo y las primeras inversiones de capital para validad tu idea antes de hacer inversiones mayores.
- ✓ Diferentes formas de trabajar un proyecto: aprende a utilizar las diferentes formas de trabajar tu idea de emprendedor y las herramientas que te ayudarán a descubrir si tu idea tiene hueco en el mercado.
- ✓ Apoyo gráfico de las herramientas: se incluyen todo tipo de soporte visual para poder entender el funcionamiento de las herramientas del emprendedor.
- ✓ Ejemplos basados en una experiencia real: complementamos la guía con un ejemplo real de un startup para que aprendas la mejor forma de emprender.
- ✓ Conceptos claves: además, te ayudaremos con muchos de los conceptos claves que debes tener claro para emprender, como el hub del emprendimiento, tipo de emprendedor o agentes claves en el ecosistema del emprendimiento.
- ✓ Vende tu idea: no solo terminaremos una vez se hayas validado si tu idea tiene hueco en el mercado, también te enseñamos a venderla a posibles futuros inversores.

Si eres un emprendedor que quiere abrir su negocio de la forma más segura, sabiendo que tu idea está validada en el mercado, ¡esta es tu guía!

ÍNDICE

1.- Conceptos clave del emprendimiento 7
   1.1.- Comprendiendo el ecosistema del emprendimiento 8
   1.2.- Las mejores metodologías para el emprendimiento 23

2.- Valida si existe una oportunidad de negocio 29
   2.1.- No ensalzar la oportunidad de negocio, estudia bien el problema que resuelve 30
   2.2.- Calcula el tamaño de tu mercado para saber si existe una oportunidad de negocio 31
   2.3.- Define las hipótesis de tu idea de negocio para validar tu oportunidad 33
   2.4.- ¿Cómo validar las hipótesis para analizar la oportunidad de negocio? 34
   2.5.- ¿Cómo extraer los insights para validar mi oportunidad de negocio? 54
   2.6.- ¿Cómo conocer bien al usuario al que resuelves su problema? 56

3.- Aprende a diferenciarte de tu competencia 59
   3.1.- Blue Ocean Strategy para diferenciar tu producto 60
   3.2.- Competito Landscape para conseguir una diferenciación competitiva 62
   3.3.- Value Proposition Canvas para definir tu propuesta de valor consiguiendo la diferenciación del producto 63
   3.4.- Business Model Canvas para definir tu modelo de negocio único 65
   3.5.- Misión, visión y valores para definir tu modelo de negocio 67

4.- Valida tu idea con usuarios reales con un test de mercado 69

4.1.- Introducción hacia el MVP o Producto Mínimo Viable como test de mercado 70

4.2.- Herramientas no code para el test MVP y lanzar pruebas de mercado 70

4.3.-Test Card para lanzar una prueba que valide tu producto 73

4.4.-Smoke test: cómo validar mi idea sin tener el producto, solo con un test MVP 76

5.-Introducción básica al marketing para startups 79

5.1.- Marketing digital como método low-cost de paid vs métodos orgánicos 80

5.2.- Definir mi funnel de conversión para empezar a realizar publicidad 83

5.3.- Storytelling clave en el marketing para conectar con tu audiencia 84

5.4.- Inbound Marketing vs Outbound Marketing 86

5.5.- Principales palancas de crecimiento en el marketing 89

6.-Plan financiero para Startups 91

6.1.- Presupuesto de constitución para una startup 92

6.2.- Definiendo el plan financiero de mi startup en un año tipo.... 93

6.3.- Proyección a varios años del plan financiero de mi startup 98

7.-Construye un Pitch Deck atractivo para los inversores 101

7.1.- Creando un elevator pitch que despierte el interés en los inversores 102

7.1.- Creando un pitch deck de tu startup para seducir a los inversores 104

1.-Conceptos clave del emprendimiento

1.1.-Comprendiendo el ecosistema del emprendimiento

¿Qué es un emprendedor?

Es aquella persona que **a partir de una idea** (propia o ajena) **es capaz de crear una oportunidad de negocio**...

...**y organizar y conseguir los recursos** para llevarla a cabo.

Es muy importante señalar que la idea no hace falta que sea propia, puedes asociarte con otros emprendedores o agentes, como los Venture Builder (agentes que buscan ideas que funcionan en el extranjero y las ponen en funcionamiento es España), y llevar a cabo el emprendimiento.

¿Qué tipos de emprendedores existen en el ecosistema?

-Emprendedor tecnológico: Un emprendedor tecnológico es un individuo que utiliza la tecnología y las plataformas en línea para crear, desarrollar y gestionar negocios y proyectos comerciales. Este tipo de emprendedor se enfoca en la creación de valor a través de servicios, productos o contenidos digitales que pueden ser distribuidos a nivel global. Los emprendedores digitales aprovechan las oportunidades en el espacio virtual, como comercio electrónico, marketing digital, desarrollo de aplicaciones, contenido en línea y más, para establecer y hacer crecer sus empresas. Su capacidad para adaptarse rápidamente a las tendencias tecnológicas y su enfoque en la innovación les permite competir y tener éxito en un mercado digital en constante evolución.

-Emprendedor tradicional: Un emprendedor tradicional es un individuo que crea, desarrolla y gestiona negocios y empresas en el mundo físico o analógico, fuera del ámbito digital. Estos emprendedores se centran en actividades comerciales convencionales, como la apertura de tiendas físicas, restaurantes, manufactura de productos tangibles y prestación de servicios presenciales. A menudo, dependen en gran medida de estrategias comerciales tradicionales, como la publicidad impresa o la promoción local, y se involucran en sectores económicos tradicionales. Aunque los emprendedores tradicionales pueden incorporar tecnología en sus operaciones, su enfoque principal se encuentra en el mundo físico y en la interacción cara a cara con clientes y proveedores.

-Emprendedor social: Un emprendedor social es alguien que busca resolver problemas sociales o ambientales a través de la creación y gestión de empresas o proyectos con fines altruistas. Estos emprendedores no solo buscan beneficios financieros, sino que también tienen un fuerte compromiso con el impacto positivo en la sociedad y el medio ambiente. Sus proyectos pueden abordar cuestiones como la pobreza, la educación, la salud, la sostenibilidad ambiental o cualquier otra problemática social importante. El enfoque central de un emprendedor social es generar un cambio positivo y sostenible en la comunidad o el mundo en general, utilizando principios empresariales para alcanzar objetivos sociales o ambientales.

-Intra-emprendedor: Un intra-emprendedor es un individuo que actúa como un emprendedor dentro de una organización existente en lugar de crear su propia empresa. Este profesional es innovador, creativo y busca oportunidades para desarrollar nuevos productos, servicios o procesos dentro de la empresa en la que trabaja. Los intra-emprendedores aportan un espíritu emprendedor, asumen riesgos calculados y trabajan para impulsar la innovación y el crecimiento dentro de la organización. Su objetivo es generar valor, mejorar la eficiencia y contribuir al éxito a largo plazo de la empresa empleadora, a menudo desafiando el statu quo y promoviendo un cambio positivo desde adentro.

¿Qué agentes componen el ecosistema del emprendimiento?

-Empresas y corporates:

Las empresas y corporaciones son dos términos que a menudo se utilizan de manera intercambiable, pero tienen connotaciones ligeramente diferentes:

1. **Empresas**: Este término general se refiere a entidades comerciales y organizaciones que se dedican a actividades económicas con el objetivo de generar ingresos y beneficios. Las

empresas pueden variar en tamaño desde pequeñas y medianas empresas (PYME) hasta grandes conglomerados. Pueden ser de propiedad privada o pública y operar en una variedad de industrias y sectores.

2. **Corporaciones:** Las corporaciones son un tipo específico de empresa que se caracterizan por su estructura legal y propiedad. Son entidades legales separadas de sus propietarios, lo que significa que los propietarios tienen responsabilidad limitada por las deudas y obligaciones de la empresa. Las corporaciones pueden ser de capital abierto (con acciones que cotizan en bolsa) o de capital cerrado (con un número limitado de accionistas). Suelen ser más grandes y tener una estructura de gestión más compleja que las PYME.

Ejemplos:

-**Startups**:

Una startup es una empresa recién fundada, generalmente de base tecnológica, que se caracteriza por su enfoque en la innovación y la búsqueda de un modelo de negocio escalable y de rápido crecimiento. Estas empresas suelen operar en sectores emergentes y buscan resolver un problema específico o satisfacer una necesidad no atendida en el mercado. Las startups a menudo enfrentan incertidumbre y riesgo, y buscan financiamiento externo, como inversión de capital de riesgo, para impulsar su crecimiento. Su objetivo principal es alcanzar un mercado más amplio y generar un impacto significativo, y su agilidad y capacidad para adaptarse rápidamente a cambios son rasgos distintivos en su búsqueda de éxito.

Ejemplos:

-Inversores y busisness angels:

Los inversores o business angels, a menudo llamados "ángeles inversionistas" en español, son individuos acaudalados que proporcionan financiamiento y respaldo a empresas emergentes o startups en sus etapas iniciales de desarrollo. Estos inversionistas suelen aportar capital propio a cambio de participación accionaria en la empresa o convertible en acciones en el futuro. Además del capital, los business angels a menudo ofrecen orientación, experiencia y conexiones comerciales valiosas a los emprendedores y startups en las que invierten. Su objetivo es ayudar a las empresas a crecer y tener éxito, y pueden desempeñar un papel crucial en el ecosistema del emprendimiento al proporcionar financiamiento y apoyo en un momento en que el acceso a fondos puede ser difícil de obtener de otras fuentes más tradicionales, como bancos o inversores institucionales.

Ejemplos:

-Incubadoras:

Una incubadora de startups es una organización o entidad que brinda apoyo integral a empresas emergentes o startups en sus etapas iniciales de desarrollo. El propósito principal de una incubadora es ayudar a estas nuevas empresas a crecer y tener éxito al proporcionarles recursos, orientación y acceso a una red de contactos y recursos. Algunos de los servicios y apoyo que suelen ofrecer las incubadoras de startups incluyen:

1. **Espacio de trabajo:** Ofrecen espacio físico para que las startups trabajen, a menudo en forma de oficinas compartidas o espacios de coworking.

2. **Financiamiento inicial:** Pueden proporcionar financiamiento en forma de inversión de capital semilla o subvenciones.

3. **Mentoría y asesoramiento:** Conexión con mentores y expertos en la industria que brindan orientación estratégica y comparten su experiencia.

4. **Acceso a redes de contactos:** Ayudan a las startups a establecer conexiones valiosas con inversores, socios comerciales y otros emprendedores.

5. **Programas de formación:** Ofrecen programas de capacitación y talleres que cubren diversos aspectos del negocio, desde la estrategia hasta el desarrollo de productos y marketing.

6. **Recursos técnicos:** Proporcionan acceso a herramientas y tecnología, como software y hardware, que pueden ser costosos para las startups adquirir por sí mismas.

7. **Validación del mercado:** Ayudan a las startups a validar sus modelos de negocio y productos en el mercado.

8. **Apoyo administrativo:** Brindan servicios administrativos, como contabilidad y recursos legales, que permiten a las startups concentrarse en su crecimiento.

Las incubadoras de startups pueden ser operadas por universidades, organizaciones gubernamentales, empresas privadas o emprendedores experimentados. Su objetivo es acelerar el crecimiento y la viabilidad de las startups al proporcionarles el apoyo necesario durante sus etapas iniciales de desarrollo.

Ejemplos:

-Aceleradoras:

Una aceleradora de startups es una organización o programa diseñado para ayudar a las empresas emergentes o startups a crecer y acelerar su desarrollo. Estas aceleradoras brindan apoyo, recursos y orientación a emprendedores y sus proyectos en sus etapas iniciales de desarrollo. Algunos aspectos clave de las aceleradoras de startups incluyen:

1. **Financiamiento inicial:** Proporcionan inversión de capital semilla o fondos iniciales a cambio de una participación en la empresa.

2. **Mentoría y asesoramiento:** Conectan a las startups con mentores experimentados y expertos en la industria que brindan orientación estratégica y comparten conocimientos.

3. **Espacio de trabajo:** Ofrecen espacio físico, a menudo en forma de oficinas compartidas o espacios de coworking, donde las startups pueden trabajar y colaborar.

4. **Programas de formación:** Ofrecen capacitación y talleres que abordan diversos aspectos del negocio, como estrategia, desarrollo de productos, marketing y financiamiento.

5. **Acceso a redes de contactos:** Ayudan a las startups a establecer conexiones con inversores, socios comerciales y otros emprendedores.

6. **Validación del mercado:** Ayudan a las startups a validar sus modelos de negocio y productos en el mercado a través de pruebas y experimentación.

7. **Eventos y demostraciones:** Organizan eventos y demostraciones que permiten a las startups presentar sus productos o servicios ante inversores y clientes potenciales.

8. **Apoyo administrativo:** Brindan servicios administrativos, como contabilidad y asesoramiento legal, que pueden ser costosos o complicados para las startups gestionar por sí mismas.

Las aceleradoras de startups suelen operar programas intensivos de duración limitada, que van desde unos pocos meses hasta varios meses, con el objetivo de preparar a las startups para una mayor financiación y crecimiento. A cambio de los recursos y el apoyo proporcionados, las aceleradoras generalmente adquieren una participación en la empresa o una participación en los beneficios futuros. Estas organizaciones desempeñan un papel importante en el ecosistema del emprendimiento al ayudar a las startups a superar obstáculos iniciales y acelerar su camino hacia el éxito.

Ejemplos:

-Venture Builders:

Un venture builder, también conocido como un "constructor de empresas" o "estudio de creación de empresas," es una entidad o empresa que se especializa en crear y desarrollar múltiples startups de manera simultánea. A diferencia de las aceleradoras y las incubadoras, que se enfocan en apoyar empresas emergentes ya existentes, un venture builder comienza desde cero, generando ideas y construyendo nuevas empresas desde el principio. Aquí hay algunas características clave de un venture builder:

1. **Creación de empresas:** Un venture builder genera sus propias ideas para nuevas empresas y luego forma equipos internos o

colabora con emprendedores para llevar a cabo estas ideas y convertirlas en empresas reales.

2. **Recursos compartidos:** Los venture builders proporcionan recursos compartidos, como desarrollo de productos, diseño, tecnología, marketing, recursos humanos y financiamiento inicial, para todas las startups que crean.

3. **Modelo de negocio probado:** Los venture builders suelen centrarse en modelos de negocio que han demostrado su viabilidad en el mercado, lo que reduce el riesgo de fracaso.

4. **Sinergias y aprendizaje:** Al gestionar varias empresas a la vez, los venture builders pueden aprovechar sinergias y compartir lecciones aprendidas entre las startups que desarrollan.

5. **Equipo de gestión experimentado:** Suelen contar con un equipo de gestión experimentado que guía y supervisa el crecimiento de las nuevas empresas.

6. **Participación accionaria:** Los venture builders a menudo retienen una participación significativa en las empresas que crean, lo que les permite beneficiarse de su crecimiento y éxito a largo plazo.

7. **Enfoque en la escalabilidad:** El objetivo principal de un venture builder es crear empresas que puedan escalar rápidamente y convertirse en actores importantes en sus respectivos mercados.

En resumen, un venture builder es una entidad especializada en la creación y desarrollo de múltiples startups de manera simultánea, proporcionando recursos compartidos y experiencia para acelerar su crecimiento. Este enfoque permite una mayor eficiencia en el proceso de emprendimiento y la posibilidad de gestionar un portafolio diversificado de empresas.

Ejemplos:

  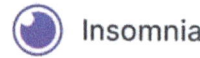

-Universidades:

Las universidades desempeñan un papel significativo en el ecosistema del emprendimiento por varias razones clave:

1. **Formación y educación:** Las universidades ofrecen programas académicos y cursos relacionados con el emprendimiento, que brindan a los estudiantes habilidades empresariales, conocimientos técnicos y experiencia práctica. Estos programas pueden incluir asignaturas de negocios, emprendimiento, desarrollo de productos y gestión, preparando a los futuros emprendedores.

2. **Investigación e innovación:** Las universidades son centros de investigación y desarrollo, lo que fomenta la innovación. Los investigadores y profesores pueden generar nuevas ideas, tecnologías y soluciones que tienen el potencial de convertirse en base para nuevas empresas. Además, las universidades a menudo colaboran con la industria para transferir tecnología y conocimientos a startups.

3. **Espacios y recursos:** Muchas universidades ofrecen espacios de coworking, laboratorios, centros de innovación y recursos tecnológicos a emprendedores y startups. Estos espacios proporcionan un ambiente propicio para la colaboración, la experimentación y el desarrollo de prototipos.

4. **Mentoría y asesoramiento:** Las universidades a menudo conectan a emprendedores con mentores y asesores, que pueden ser profesores, exalumnos o expertos en la industria. Esta

mentoría ayuda a los emprendedores a navegar por los desafíos y a tomar decisiones informadas.

5. **Eventos y competencias:** Las universidades organizan eventos, hackatones y competencias de emprendimiento que permiten a los estudiantes y a la comunidad presentar y desarrollar sus ideas de negocios. Estos eventos atraen inversores, empresarios y expertos de la industria.

6. **Red de contactos:** Las universidades conectan a emprendedores con una red diversa de contactos, incluyendo otros emprendedores, inversores, profesionales de la industria y posibles socios comerciales.

7. **Acceso a financiamiento:** Algunas universidades tienen programas de financiamiento y subvenciones específicos para apoyar a estudiantes y graduados que desean crear sus propias empresas.

8. **Cultura emprendedora:** Las universidades pueden fomentar una cultura emprendedora al alentar a los estudiantes a explorar nuevas ideas y asumir riesgos calculados. Esto promueve una mentalidad de innovación y creatividad.

En resumen, las universidades desempeñan un papel esencial en la promoción del emprendimiento al proporcionar educación, recursos, redes y un entorno propicio para el desarrollo de startups y nuevas empresas. Además, su contribución a la investigación y la innovación impulsa la creación de tecnologías y soluciones que pueden tener un impacto significativo en el mercado.

Ejemplos:

-Business Schools:

Los business schools, o escuelas de negocios, desempeñan un papel destacado en el ecosistema de emprendimiento al proporcionar educación, recursos y apoyo específico para aquellos interesados en iniciar y administrar sus propios negocios. Aquí se destacan algunas formas en que los business schools contribuyen al emprendimiento:

1. **Educación especializada:** Los business schools ofrecen programas académicos, cursos y talleres específicos sobre emprendimiento y gestión de negocios. Estos programas brindan a los estudiantes una base sólida en temas clave como la planificación empresarial, la estrategia, la gestión financiera y el marketing.

2. **Mentoría y asesoramiento:** A menudo, los business schools cuentan con profesores y profesionales experimentados que actúan como mentores y asesores para estudiantes y emprendedores. Estos mentores proporcionan orientación práctica y comparten sus conocimientos y experiencia.

3. **Incubadoras y aceleradoras:** Algunas escuelas de negocios operan sus propias incubadoras o programas de aceleración de startups. Estos programas brindan a los emprendedores acceso a recursos, espacio de trabajo y financiamiento inicial.

4. **Conferencias y eventos:** Los business schools organizan conferencias, simposios y eventos relacionados con el emprendimiento que reúnen a emprendedores, inversores y expertos de la industria. Estos eventos fomentan la colaboración y la creación de redes.

5. **Investigación y desarrollo:** Los investigadores de business schools contribuyen a la generación de conocimiento en áreas como la innovación, el espíritu empresarial y la gestión empresarial. Sus investigaciones pueden tener aplicaciones prácticas para emprendedores y empresas.

6. **Redes de contactos:** Los business schools ofrecen una amplia red de contactos que incluye a exalumnos exitosos, empresarios, inversores y líderes empresariales. Estas redes pueden ser valiosas para establecer relaciones comerciales y obtener apoyo.

7. **Desarrollo de habilidades blandas:** Además de conocimientos técnicos, los business schools también se centran en el desarrollo de habilidades blandas, como el liderazgo, la comunicación efectiva y la toma de decisiones, que son esenciales para el éxito empresarial.

8. **Emprendimiento social y sostenible:** Muchos business schools también promueven el emprendimiento social y sostenible, alentando a los estudiantes a considerar el impacto social y ambiental de sus empresas.

En resumen, los business schools desempeñan un papel vital en el ecosistema de emprendimiento al proporcionar educación, recursos, mentoría y una red de contactos que ayudan a los emprendedores a iniciar y hacer crecer sus negocios con éxito. Estas instituciones contribuyen significativamente a la formación y el apoyo de la próxima generación de empresarios.

Ejemplos:

-Centros de I+D:

Los Centros de Investigación y Desarrollo (I+D) juegan un papel crucial en el ecosistema de emprendimiento al impulsar la innovación y proporcionar una base sólida para el desarrollo de nuevas empresas. Aquí se destacan algunas formas en que los centros de I+D contribuyen al emprendimiento:

1. **Generación de tecnología y conocimiento:** Los centros de I+D están en la vanguardia de la investigación y el desarrollo de tecnologías avanzadas y soluciones innovadoras. Esto crea oportunidades para que los emprendedores accedan a nuevos conocimientos y tecnologías que pueden formar la base de sus empresas.

2. **Transferencia de tecnología:** Los centros de I+D a menudo trabajan en colaboración con empresas y emprendedores para transferir tecnologías desarrolladas en el ámbito académico al mercado comercial. Esta transferencia de tecnología puede impulsar la creación de nuevas empresas basadas en la investigación.

3. **Apoyo a la incubación y la aceleración:** Algunos centros de I+D ofrecen programas de incubación y aceleración de startups. Proporcionan recursos, espacio de trabajo y asesoramiento para que los emprendedores transformen ideas innovadoras en empresas viables.

4. **Colaboración y redes:** Los centros de I+D facilitan la colaboración entre investigadores, emprendedores y empresas. Estas redes pueden generar oportunidades para el desarrollo conjunto de proyectos y la comercialización de tecnologías.

5. **Recursos técnicos y de laboratorio:** Los centros de I+D a menudo cuentan con instalaciones de laboratorio y equipos especializados que pueden ser utilizados por emprendedores y empresas para llevar a cabo investigaciones y pruebas.

6. **Financiamiento y subvenciones:** Algunos centros de I+D ofrecen programas de financiamiento y subvenciones para proyectos de investigación y desarrollo. Estos fondos pueden ser cruciales para el desarrollo de tecnologías y productos innovadores.

7. **Fomento de la cultura de la innovación:** La presencia de centros de I+D en una comunidad puede fomentar una cultura de la

innovación y el espíritu empresarial, inspirando a más personas a emprender.

8. **Resolución de problemas complejos:** Los centros de I+D a menudo se dedican a abordar problemas complejos y desafiantes en diversas áreas, desde la salud hasta la tecnología y la sostenibilidad. Esto crea oportunidades para que los emprendedores identifiquen problemas no resueltos y desarrollen soluciones innovadoras.

En resumen, los centros de I+D desempeñan un papel esencial en el ecosistema de emprendimiento al impulsar la innovación, proporcionar recursos técnicos y de investigación, y crear oportunidades para que los emprendedores transformen ideas en empresas exitosas. Su colaboración con el mundo empresarial y su enfoque en la investigación avanzada hacen que sean un componente valioso del ecosistema emprendedor.

Ejemplos:

-Gobiernos y el sector público:

El gobierno y el sector público desempeñan un papel fundamental en el ecosistema de emprendimiento al proporcionar un marco regulatorio, apoyo financiero, recursos y políticas que fomentan el desarrollo de nuevas empresas y la innovación. Aquí se destacan algunas de las formas en que el gobierno y el sector público contribuyen al emprendimiento:

1. **Políticas y regulaciones:** El gobierno establece políticas y regulaciones que influyen en la creación y operación de empresas. Estas políticas pueden incluir incentivos fiscales para emprendedores, normativas que simplifican los procedimientos

de registro empresarial y leyes de propiedad intelectual que protegen la innovación.

2. **Acceso a financiamiento:** Los gobiernos a menudo ofrecen programas de financiamiento y subvenciones para apoyar a emprendedores y startups. Esto incluye préstamos preferenciales, capital de riesgo gubernamental y subvenciones para investigación y desarrollo.

3. **Educación y formación:** El sector público puede respaldar programas educativos y de capacitación en emprendimiento. Esto incluye la creación de centros de formación, talleres y programas de mentoría para emprendedores.

4. **Infraestructura y espacios de trabajo:** Los gobiernos pueden proporcionar espacios de trabajo compartido y laboratorios de innovación para emprendedores. Esto ayuda a reducir los costos iniciales y fomenta la colaboración.

5. **Investigación y desarrollo:** El sector público a menudo financia la investigación y el desarrollo en áreas de interés estratégico, lo que puede generar tecnologías y conocimientos que impulsan la creación de nuevas empresas.

6. **Promoción y apoyo internacional:** Los gobiernos pueden facilitar la entrada de empresas en mercados internacionales a través de tratados comerciales y acuerdos de cooperación. Esto puede abrir oportunidades para que las startups expandan sus operaciones globalmente.

7. **Protección legal y propiedad intelectual:** Los sistemas legales y de propiedad intelectual sólidos son esenciales para proteger la propiedad y la innovación de las empresas. El sector público establece y hace cumplir leyes que respaldan estos aspectos.

8. **Creación de ecosistemas locales:** Los gobiernos pueden desempeñar un papel activo en la creación y el fomento de

ecosistemas locales de emprendimiento al reunir a emprendedores, inversores, instituciones académicas y empresas establecidas.

9. **Promoción de la diversidad e inclusión:** Los gobiernos pueden impulsar políticas que fomenten la diversidad y la inclusión en el ecosistema de emprendimiento, asegurando que más personas tengan acceso a oportunidades emprendedoras.

En resumen, el gobierno y el sector público son actores clave en el ecosistema de emprendimiento al proporcionar el entorno favorable, los recursos financieros y el apoyo necesario para que las startups y los emprendedores tengan éxito. Su papel es fundamental para estimular la innovación, el crecimiento económico y la creación de empleo en una región o país.

Ejemplos:

1.2.-Las mejores metodologías para el emprendimiento

Una vez explicado el ecosistema del emprendimiento y definidos sus agentes y como estos interactúan si quieres emprender, es hora de definir las mejores metodologías a utilizar cuando quieres empezar a abrir un negocio.

Metodología Disign Thinking para emprender

El Design Thinking, o Pensamiento de Diseño en español, es una metodología que se enfoca en comprender profundamente las necesidades y deseos de los usuarios para desarrollar soluciones creativas y centradas en el ser humano. A diferencia de enfoques más tradicionales, el Design Thinking pone a las personas en el centro del proceso de diseño, lo que lo hace altamente efectivo para abordar problemas complejos y fomentar la innovación.

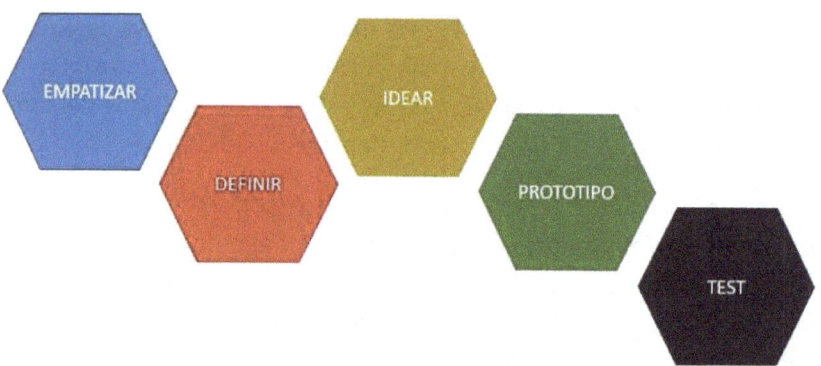

Esta metodología fue introducida por Tim Brown y lo que hace es construir un procedimiento de trabajo poniendo al usuario en el centro. Lo que consiste esta metodología es en buscar soluciones a necesidades reales para poder crear ideas innovadoras, pero también sirve para definir productos o servicios, procesos y estrategias.

Esta metodología se divide en 5 fases o puntos:

1. Empatiza con tus Usuarios

El primer paso del Design Thinking es comprender verdaderamente las necesidades, deseos y desafíos de tus usuarios. Esto implica escuchar activamente, hacer preguntas y ponerse en su lugar. Observa cómo interactúan con tu producto o servicio y qué problemas enfrentan.

2. Define el Problema

Una vez que hayas recopilado información sobre tus usuarios, define claramente el problema que estás tratando de resolver. Esto te ayudará a mantener el enfoque y a evitar soluciones que no sean relevantes.

3. Genera Ideas Creativas

Llega el momento de liberar tu creatividad. Organiza sesiones de lluvia de ideas con tu equipo y busca soluciones innovadoras para el problema definido. No descartes ninguna idea en esta etapa; la clave es la diversidad de pensamiento.

4. Prototipos y Pruebas

Crea prototipos de las mejores ideas y ponlos a prueba. Esto te permitirá obtener retroalimentación de usuarios reales y ajustar tus soluciones en función de sus comentarios. El proceso de prueba y error es esencial en el Design Thinking.

5. Implementación y Evaluación

Una vez que hayas perfeccionado tu solución a través de la retroalimentación de los usuarios, llega el momento de implementarla. Luego, evalúa su efectividad y continúa haciendo mejoras según sea necesario.

Metodología Lean Startup impulsando el emprendimiento

La metodología Lean Startup es una filosofía empresarial y un enfoque de gestión que se centra en la creación rápida de prototipos, la experimentación continua y la adaptación constante. Su objetivo principal es reducir el desperdicio de recursos, como tiempo y dinero, al tiempo que se maximiza el aprendizaje y se acelera el desarrollo de un negocio.

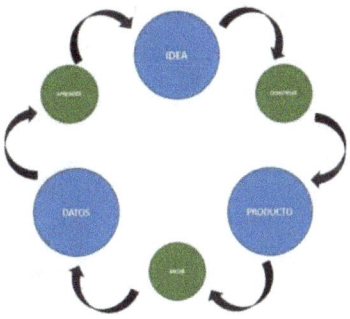

Esta metodología fue introducida por Eric Rise y se compone de los principios del Lean Management para optimizar la cadena de valor de la producción. Sirve para crear una empresa a través de 3 fases que se repiten a lo largo del procedimiento:

1. Define tu Visión y Objetivos

Comienza por definir claramente tu visión para el negocio y los objetivos que deseas lograr. ¿Qué problema estás resolviendo? ¿Cuál es tu propuesta de valor única?

2. Crea un MVP (Producto Mínimo Viable)

En lugar de desarrollar un producto completo, crea un MVP que sea lo más básico y funcional posible. Esto te permite poner tu idea en manos de los usuarios de manera rápida y económica.

3. Experimenta y Valida

Lanza tu MVP y recopila datos sobre cómo los usuarios interactúan con él. ¿Qué características utilizan más? ¿Qué problemas encuentran? Aprende de estas interacciones y valida tu idea.

<u>Metodología Agile para la eficiencia al emprender</u>

La metodología Agile es un enfoque de gestión y desarrollo que se centra en la colaboración, la adaptación continua y la entrega de valor a los clientes de manera rápida y eficiente. Su principal objetivo es permitir a las organizaciones responder de manera ágil a las cambiantes demandas del mercado y a los desafíos empresariales.

Las metodologías Agile se utilizan para las gestiones de proyectos permitiendo subdividirlos en subproyectos pudiendo así realizar entregas rápidas y continuas. Concibe el proyecto como partes homogéneas y promueve la colaboración. Esta metodología rivaliza con el proceso cascada. Mientras en el proceso cascada, hasta le final de la cadena el usuario no obtiene ningún output, en las metodologías agile, consisten en darle outputs al usuario que vayan resolviendo la necesidad hasta obtener el producto final.

Existen diversas metodologías agile. No obstante, la elección de la metodología dependerá del tipo y de las necesidades de la empresa.

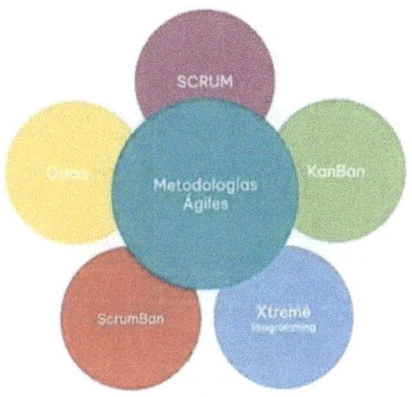

Una vez explicadas las metodologías en las que te vas a apoyar para emprender, se comienza a ver los pasos para validar una idea de negocio y llevarla a cabo.

2.-Valida si existe una oportunidad de negocio

2.1.- No ensalzar la oportunidad de negocio, estudia bien el problema que resuelve

El 42% de las startups fracasan porque realmente no resuelven ningún problema en el mercado o no cubren ninguna necesidad a los usuarios. Una idea puede ser buena y no cubrir ninguna necesidad, por lo que por muy buena que sea, si los usuarios no están dispuestos pagar por ella no es viable. Por este motivo, es relevante que la idea sea muy buena, pero lo es más que realmente cubra un problema de mercado. Para esto realizamos 5 preguntas clave para saber si tu idea de negocio cubre una necesidad:

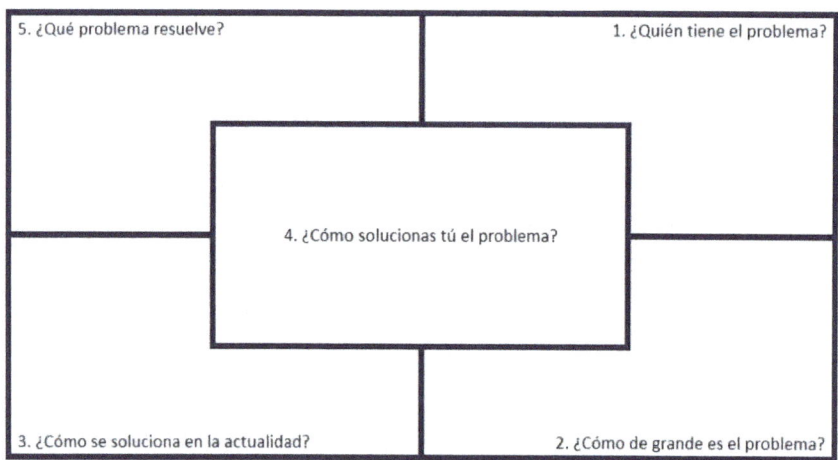

1. ¿Quién tiene el problema?: En este punto tienes que buscar a los usuarios o audiencia los cuales se les presenta el problema que resuelve tu idea.

2. ¿Cómo de grande es el problema?: Aquí tienes que cuantificar los usuarios que tiene el problema. Si tu idea ayuda a optimizar una variable tienes que cuantificarla en vez de la audiencia, por ejemplo, en España se desperdician más de 15.000 millones de litros de agua al año.

3. ¿Cómo se soluciona el problema en la actualidad?: En este apartado tienes que especificar las soluciones actuales de la

competencia que resuelven el problema planteado o que lo resuelven parcialmente porque no existe una solución que lo resuelva totalmente.

4. ¿Cómo solucionas el problema?: Aquí tienes que indicar como tu idea de negocio resuelve el problema a los usuarios.

5. ¿Qué problema resuelve?: Aquí hay que explicar los problemas o necesidades que resuelve tu idea.

Para que sea más sencillo de entender, a lo largo de la guía vamos a poner ejemplos de los diferentes puntos que tratemos. Para completar las 5 preguntas vamos a realizar el ejercicio poniendo de ejemplo una agencia de viajes que usa formatos de venta diferentes y más baratos.

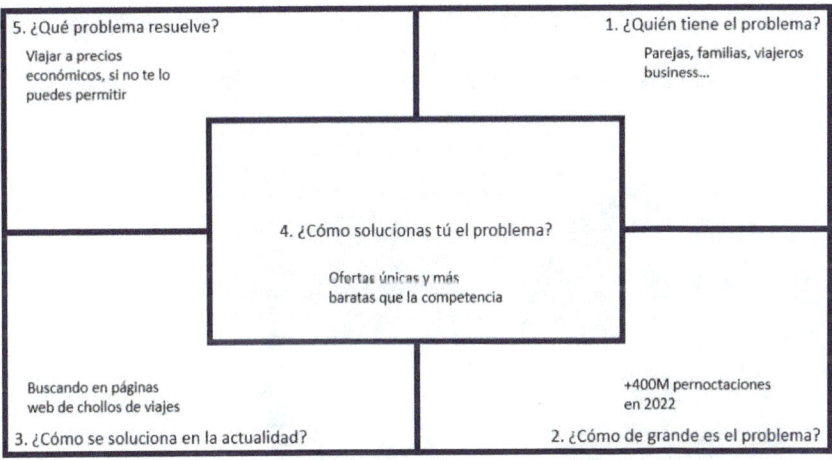

Si puedes tu solución resuelve un problema real un número relevante de usuarios en el mercado de una forma diferente que la competencia, tu idea de negocio es viable.

2.2.- Calcula el tamaño de tu mercado para saber si existe una oportunidad de negocio

Para poder saber el alcance de tu idea de negocio, debes calcular bien el mercado de tu tamaño objetivo. Para esto existe la herramienta TAM, SAM y SOM que permiten calcular aproximadamente el tamaña de tu mercado. Solo recordar que para calcular este mercado siempre hay que cuantificarlo a nivel de ingresos potenciales (€).

1.
   1. TAM o Total Adressable Market es la representación monetaria del total del mercado al que te diriges, lo más amplio posible.
   2. SAM o Served Available Market es de la cuantificación anterior a cuantos puedes calcanzar con tu modelo de negocio.
   3. SOM o Serviceable Obtainable Market es de la cifra anterior a cuanto podemos llegar con los recursos actuales, hablando siempre de horizontes de 1 año.

Vamos a seguir con el ejemplo de la agencia de viajes.

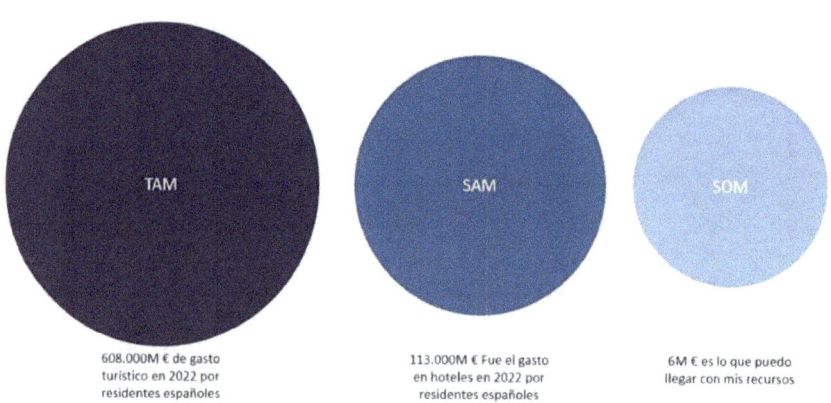

608.000M € de gasto turístico en 2022 por residentes españoles

113.000M € Fue el gasto en hoteles en 2022 por residentes españoles

6M € es lo que puedo llegar con mis recursos

Una vez realizada la cuantificación de tu mercado potencial con los recursos actuales, hay que ver si tu idea soluciona de verdad una necesidad de mercado.

2.3.- Define las hipótesis de tu idea de negocio para validar tu oportunidad

Para definir las diferentes hipótesis de tu idea de negocio se utiliza la matriz de hipótesis.

Pero, ¿qué es una hipótesis?

Es una afirmación o suposición sobre cómo esperamos que se comporte el cliente potencial, sin realizar una comprobación o testeo, sin tener elementos suficientes para juzgar su adecuación a la realidad cuando salimos a validar vemos si la hipótesis se convierte en hechos. En definitiva, es algo que pensamos sobre el mercado, pero que aún no sabemos si es real lo que pensamos.

Para definirlas utilizamos esta matriz que mediante dos variables mide la importancia de la hipótesis en si:

- Incertidumbre: este es la magnitud que define lo incierta y lo inseguro que estás sobre tu hipótesis.

- Impacto en el negocio/viabilidad: esto es lo importante que es para el negocio tu hipótesis o lo viable que es.

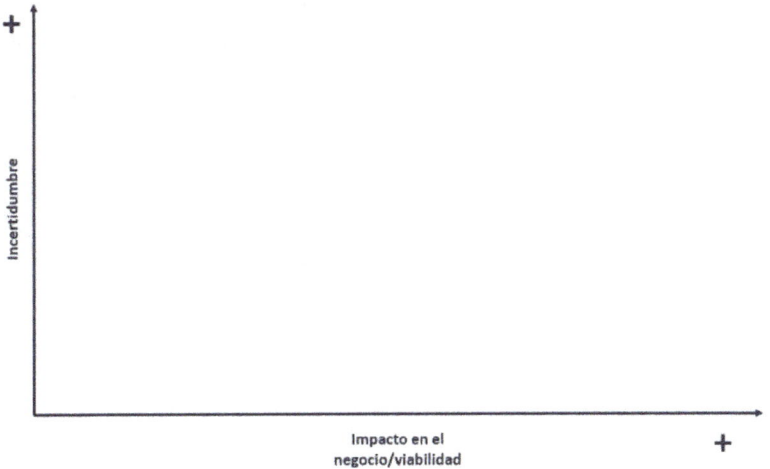

Seguimos con el ejemplo de la agencia de viajes, se verá como se colocan las hipótesis en la matriz.

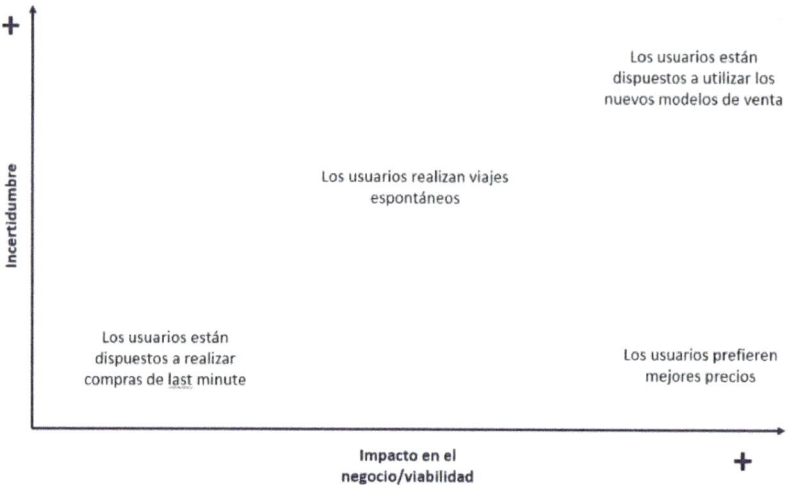

En el ejemplo se puede ver que los usuarios quieran realizar compra de last minute se está seguro, pero no es relevante para el negocio. Que los usuarios quieran realizar viajes espontáneos está medianamente claro y tiene un impacto medio. Por ejemplo, es seguro que los usuarios quieren precios bajos y es muy relevante, y que los usuarios quieran utilizar nuevos modelos de venta no se sabe y es muy relevante para el negocio.

2.4.- ¿Cómo validar las hipótesis para analizar la oportunidad de negocio?

Para validar si las hipótesis son ciertas, hay que lanzar diferentes métodos de recogida de datos a los usuarios objetivos de tu idea de negocio. Para realizar este estudio hay diferentes formatos de recogida de datos:

-Entrevistas a usuarios

Las entrevistas a usuarios son una parte fundamental de un estudio de mercado y de investigación de usuarios. Consisten en conversaciones estructuradas o semiestructuradas entre los investigadores y los usuarios o clientes potenciales de un producto o servicio. El propósito de estas entrevistas es comprender en profundidad las necesidades, deseos, comportamientos y opiniones de los usuarios para obtener información valiosa que pueda informar las decisiones empresariales y la estrategia de mercado. Aquí hay algunas claves sobre lo que implica una entrevista a usuarios en un estudio de mercado:

1. **Identificación de Participantes:** En primer lugar, debes identificar a los usuarios potenciales o clientes que sean relevantes para tu producto o servicio. Esto podría implicar segmentar tu mercado objetivo en grupos específicos según características demográficas, geográficas, de comportamiento, etc.

2. **Diseño de Preguntas:** Prepara una serie de preguntas que guiarán la entrevista. Estas preguntas deben ser abiertas y no sesgadas, lo que significa que no deben inducir una respuesta específica. El objetivo es fomentar la expresión libre de las opiniones de los usuarios.

3. **Entrevistas Uno a Uno:** Las entrevistas suelen realizarse uno a uno para crear un ambiente cómodo y propicio para la conversación. Esto permite a los usuarios expresar sus pensamientos de manera más abierta.

4. **Estructura de la Entrevista:** Aunque las entrevistas son semiestructuradas, es importante tener una estructura general que incluya una introducción, preguntas principales y una conclusión. La estructura ayuda a mantener la entrevista enfocada.

5. **Escucha Activa:** Durante la entrevista, el investigador debe practicar la escucha activa. Esto implica prestar atención a lo que el usuario está diciendo, hacer preguntas de seguimiento y no interrumpir.

6. **Exploración de Temas Clave:** Las entrevistas pueden abordar una variedad de temas, como la percepción del producto, las

necesidades no satisfechas, los desafíos que enfrentan los usuarios y las sugerencias de mejora.

7. **Grabación y Documentación:** Es común grabar las entrevistas o tomar notas detalladas para registrar las respuestas de los usuarios de manera precisa. Esto facilita la revisión posterior y la identificación de patrones.

8. **Análisis de Datos:** Después de realizar varias entrevistas, se procede a analizar los datos recopilados. Esto implica buscar patrones, tendencias y comentarios comunes entre los usuarios.

9. **Toma de Decisiones:** La información recopilada a través de las entrevistas a usuarios se utiliza para tomar decisiones empresariales informadas. Puede influir en la estrategia de producto, marketing, diseño, precios y más.

10. **Iteración:** Los estudios de mercado y las entrevistas a usuarios son procesos iterativos. A medida que obtienes más información, puedes volver a realizar entrevistas o ajustar tu enfoque en función de lo que has aprendido.

Las entrevistas a usuarios son una herramienta valiosa para entender a fondo a tus clientes potenciales y mejorar la efectividad de tu estrategia de mercado. Además de las entrevistas, otros métodos de investigación, como encuestas, observación y pruebas de usabilidad, pueden complementar la comprensión de tu mercado y usuarios.

-Cuestionarios

Los cuestionarios a usuarios son una herramienta común y efectiva en los estudios de mercado para recopilar datos y opiniones de un grupo de personas con el fin de obtener información valiosa sobre un producto, servicio o mercado en general. Aquí se explica en qué consisten los cuestionarios a usuarios como parte de un estudio de mercado:

1. **Diseño del Cuestionario:** En primer lugar, debes diseñar un cuestionario que contenga una serie de preguntas relacionadas

con el tema que deseas investigar. Estas preguntas pueden ser abiertas (que permiten respuestas libres) o cerradas (con opciones predefinidas de respuesta).

2. **Selección de la Muestra:** Decide quiénes serán los participantes en tu estudio. Esto implica determinar un grupo de personas que representen a tu mercado objetivo o público objetivo. Puedes seleccionarlos al azar o utilizando criterios específicos, como edad, ubicación geográfica, intereses, etc.

3. **Distribución del Cuestionario:** Distribuye el cuestionario a tu muestra de usuarios. Esto se puede hacer de diversas maneras, como a través de encuestas en línea, correo electrónico, entrevistas telefónicas, encuestas en persona o incluso por correo postal, dependiendo de tus recursos y del alcance de tu estudio.

4. **Recopilación de Datos:** A medida que los usuarios completan los cuestionarios, recopila sus respuestas. Asegúrate de que las respuestas sean anónimas si es necesario para obtener respuestas más sinceras.

5. **Análisis de Datos:** Una vez que hayas recopilado una cantidad significativa de respuestas, procede a analizar los datos. Esto implica identificar patrones, tendencias y conclusiones a partir de las respuestas de los usuarios.

6. **Resultados y Conclusiones:** Utiliza los resultados del cuestionario para obtener conclusiones significativas sobre tu producto, servicio o mercado. Estos hallazgos pueden ayudarte a tomar decisiones empresariales informadas.

7. **Acciones Posteriores:** Dependiendo de los resultados del cuestionario, podrías tomar una serie de acciones, como ajustar tu estrategia de marketing, modificar tu producto o servicio, o enfocarte en una audiencia específica.

8. **Iteración:** Los estudios de mercado y los cuestionarios pueden ser procesos iterativos. A medida que obtengas más información o cambien las circunstancias del mercado, puedes realizar cuestionarios adicionales o ajustar tus enfoques.

Es importante que los cuestionarios estén bien diseñados y que las preguntas sean claras y específicas. También debes asegurarte de que la muestra de usuarios sea representativa de tu mercado objetivo para que los resultados sean relevantes y aplicables.

Los cuestionarios a usuarios son una herramienta versátil y ampliamente utilizada para obtener información valiosa sobre la percepción del cliente, las necesidades del mercado, las preferencias de los usuarios y otros aspectos que pueden influir en el éxito de tu producto o negocio.

-Desk Research

El "desk research" (investigación de escritorio) a usuarios, también conocido como investigación documental, es un método de estudio de mercado que se basa en la recopilación y análisis de información ya existente y disponible públicamente en fuentes como informes de mercado, estudios previos, datos estadísticos, encuestas previas, revisiones de literatura y recursos en línea. A diferencia de las entrevistas a usuarios o los cuestionarios, que recopilan datos directamente de personas, el desk research se centra en analizar datos y documentos existentes. Aquí te explicaré en qué consiste este enfoque:

1. **Identificación de Fuentes:** En el desk research, el primer paso es identificar fuentes de información relevantes para tu estudio de mercado. Estas fuentes pueden incluir informes de investigación de mercado, publicaciones gubernamentales, estadísticas, estudios académicos, sitios web, bases de datos y otros documentos disponibles públicamente.

2. **Recopilación de Datos:** Una vez que identificas las fuentes, procedes a recopilar datos y documentos pertinentes. Esto puede

implicar la descarga de informes, la extracción de datos de sitios web o la revisión de estudios previos.

3. **Análisis de Datos:** Después de recopilar los datos, procedes a analizarlos. Esto puede incluir la identificación de tendencias, patrones y estadísticas relevantes para tu estudio de mercado. También puedes realizar análisis comparativos para entender mejor el contexto de tu industria.

4. **Validación de Datos:** Es importante validar la calidad y confiabilidad de los datos que encuentres. Algunas fuentes pueden ser más confiables que otras, y es esencial asegurarte de que la información que utilizas sea precisa y actual.

5. **Síntesis de Resultados:** Una vez que hayas analizado los datos, sintetizas los resultados en un formato que sea fácil de comprender y que proporcione información relevante para tu estudio de mercado.

6. **Identificación de Brechas de Información:** Durante el proceso de desk research, es posible que identifiques brechas en la información o datos que aún no están disponibles. Estas brechas pueden señalar áreas donde se necesita investigación adicional.

7. **Apoyo a Decisiones Empresariales:** Los resultados del desk research se utilizan para respaldar decisiones empresariales informadas. Pueden ayudarte a comprender mejor tu mercado objetivo, la competencia, las tendencias del mercado y las oportunidades.

8. **Complemento a Otros Métodos:** El desk research suele complementar otros métodos de investigación de mercado, como entrevistas a usuarios o encuestas. Puede proporcionar contexto y validación a los datos recopilados directamente de personas.

El desk research es especialmente útil cuando se necesita una visión general del mercado, datos históricos, información sobre la competencia o estadísticas macroeconómicas. Sin embargo, es importante tener en cuenta que este método tiene limitaciones, ya que se basa en datos existentes y puede no proporcionar información actualizada o específica sobre las necesidades y deseos de los usuarios. Por lo tanto, a menudo se utiliza junto con otros enfoques de investigación de mercado para obtener una imagen completa y precisa.

-Benchmark o estudio de la competencia

El benchmarking, o estudio de la competencia, es una parte esencial de un estudio de mercado que implica la evaluación y comparación de tu negocio, productos o servicios con los de tus competidores directos o similares. El objetivo principal es identificar las mejores prácticas, tendencias, fortalezas y debilidades de tus competidores para mejorar tu propia estrategia y tomar decisiones informadas. Aquí te explico en qué consiste este enfoque:

1. **Identificación de Competidores:** En primer lugar, debes identificar a tus competidores directos o similares en el mercado. Estos pueden ser empresas que ofrecen productos o servicios similares a los tuyos o que compiten por la misma audiencia.

2. **Recopilación de Información:** Luego, recopilas información relevante sobre tus competidores. Esto puede incluir datos financieros, estrategias de marketing, características de productos, precios, canales de distribución, alcance geográfico, cuota de mercado y comentarios de clientes.

3. **Comparación y Evaluación:** Una vez que tengas la información, la comparas con tus propias métricas y desempeño. Esto te permite identificar diferencias significativas y áreas donde tus competidores pueden estar superándote o donde tú puedes estar destacando.

4. **Análisis de Mejores Prácticas:** Identificas las mejores prácticas de tus competidores, es decir, las estrategias o tácticas que les han llevado al éxito. Pueden incluir innovaciones en productos, estrategias de marketing efectivas o enfoques de servicio al cliente excepcionales.

5. **Identificación de Debilidades:** También identificas las debilidades de tus competidores. Esto te permite identificar oportunidades para superarlos en áreas donde puedan estar fallando.

6. **Adaptación y Mejora:** Utilizas la información recopilada para adaptar y mejorar tu propia estrategia de negocio. Puedes tomar decisiones informadas sobre cómo mejorar tus productos, marketing, precios o servicios al cliente.

7. **Tendencias del Mercado:** El benchmarking también te ayuda a identificar las tendencias emergentes en tu industria. Esto te permite anticipar cambios en las preferencias de los consumidores y ajustar tu estrategia en consecuencia.

8. **Ventaja Competitiva:** Al comprender mejor a tus competidores y tu posición en el mercado, puedes desarrollar una ventaja competitiva sólida que te permita destacar en tu industria.

9. **Medición Continua:** El benchmarking no es un proceso único, sino que se realiza de manera continua para mantenerse al tanto de las tendencias y cambios en el mercado y la competencia.

10. **Confidencialidad:** Es importante respetar la confidencialidad de la información recopilada y utilizarla de manera ética y legal. Evita prácticas de competencia desleal.

El benchmarking es una herramienta estratégica poderosa que ayuda a las empresas a mantenerse competitivas y adaptarse a un entorno empresarial en constante cambio. Al comparar y aprender de tus competidores, puedes tomar decisiones informadas que impulsen el crecimiento y el éxito de tu negocio.

-Shadowing

El "shadowing" es una técnica de investigación cualitativa que se utiliza en estudios de mercado y en el campo de la observación de usuarios. Consiste en la observación directa y no intrusiva de una persona o grupo de personas mientras realizan tareas específicas, como comprar un producto, utilizar un servicio o interactuar con una interfaz. El investigador que realiza el shadowing se convierte en un "observador en la sombra" y registra cuidadosamente las acciones, comportamientos y decisiones de los participantes sin intervenir en su actividad. Aquí te explico en qué consiste esta técnica y cómo se aplica:

1. **Observación Silenciosa:** Durante el shadowing, el investigador observa a los participantes de manera silenciosa y discreta. No interviene ni hace preguntas mientras las personas llevan a cabo sus actividades normales.

2. **Registro Detallado:** El investigador toma notas detalladas de lo que observa, incluyendo acciones, gestos, lenguaje corporal, tiempos, reacciones emocionales y cualquier otro aspecto relevante. También puede tomar fotografías o grabar video si es apropiado y se obtiene el consentimiento de los participantes.

3. **Inmersión en el Contexto:** El investigador se sumerge en el entorno y contexto en el que se realiza la actividad. Esto puede implicar estar presente en una tienda, en un sitio web, en una consulta médica o en cualquier otro lugar donde se realice la observación.

4. **Comprensión de las Necesidades y Comportamientos:** El shadowing se utiliza para comprender mejor las necesidades, deseos, problemas y comportamientos de los usuarios. Puede revelar aspectos que los participantes no expresarían de manera consciente o precisa en una encuesta o entrevista.

5. **Identificación de Fricciones:** Al observar el proceso de los usuarios, el investigador puede identificar fricciones, obstáculos o problemas que los participantes enfrentan al utilizar un producto o servicio. Estas observaciones pueden ser valiosas para la mejora del diseño y la experiencia del usuario.

6. **Aplicación en el Diseño y Desarrollo:** Los hallazgos del shadowing se utilizan para informar el diseño de productos, servicios y experiencias de usuario más efectivos y centrados en las necesidades del cliente.

7. **Contextualización de Datos:** El shadowing contextualiza y complementa otros métodos de investigación, como entrevistas o encuestas. Proporciona información contextual y observacional que puede enriquecer y respaldar los datos cuantitativos.

8. **Respeto por la Privacidad:** Es fundamental respetar la privacidad y los derechos de los participantes durante el proceso de shadowing. Se debe obtener el consentimiento informado de las personas observadas y garantizar que se sientan cómodas con la presencia del investigador.

El shadowing es especialmente útil para comprender las experiencias de los usuarios en el mundo real y para identificar áreas de mejora en productos y servicios. Puede revelar información valiosa que no siempre es evidente a través de otros métodos de investigación. Sin embargo, debido a su enfoque en la observación, puede ser más intensivo en términos de tiempo y recursos en comparación con encuestas o entrevistas.

-Test A/B

El test A/B, también conocido como prueba A/B o split testing, es una técnica utilizada en estudios de mercado y marketing digital para comparar dos versiones diferentes de un elemento, como una página web, un anuncio publicitario, un correo electrónico o una aplicación móvil. El objetivo principal del test A/B es determinar cuál de las dos versiones funciona mejor en términos de lograr un objetivo específico, como la tasa de clics, la conversión de ventas o el compromiso del usuario. Aquí te explico en qué consiste el test A/B y cómo se aplica:

1. **Creación de Dos Versiones:** En primer lugar, se crean dos versiones distintas del elemento que deseas probar. Una de las versiones se denomina "A" (control), y la otra se denomina "B" (variante o cambio).

2. **División del Tráfico o Audiencia:** Luego, divides tu audiencia o tráfico de manera aleatoria y equitativa en dos grupos. El grupo A ve la versión A del elemento, mientras que el grupo B ve la versión B.

3. **Definición de Objetivos:** Estableces objetivos claros y específicos para la prueba A/B. Esto podría incluir aumentar la tasa de clics en un enlace, mejorar la tasa de conversión en una página de ventas o aumentar el tiempo que los usuarios pasan en una aplicación.

4. **Recopilación de Datos:** Durante un período determinado, recopilas datos sobre cómo se comporta cada grupo en respuesta a las versiones A y B. Esto implica el seguimiento de métricas relevantes, como tasas de conversión, tasas de clics, tiempo en la página, ingresos generados, entre otros.

5. **Análisis Estadístico:** Utilizas análisis estadísticos para determinar si existe una diferencia significativa entre los grupos A y B en términos de los objetivos establecidos. Esto ayuda a evitar que los resultados sean simplemente el resultado del azar.

6. **Elección de la Mejor Versión:** Una vez completada la prueba y con suficientes datos, puedes identificar cuál de las dos versiones (A o B) es la más efectiva para alcanzar tus objetivos. Esta versión se convierte en la versión preferida y se implementa para el público en general.

7. **Iteración:** El test A/B es un proceso iterativo. Puedes realizar pruebas adicionales para seguir refinando y mejorando tu elemento, incorporando nuevos cambios y comparando diferentes variantes.

8. **Aplicación en Marketing Digital:** El test A/B es ampliamente utilizado en marketing digital para optimizar campañas publicitarias, páginas web, correos electrónicos y más. Permite a los profesionales del marketing tomar decisiones informadas sobre qué enfoques son más efectivos en la interacción con la audiencia.

El test A/B es una herramienta poderosa para la optimización y mejora continua en el marketing digital y en otros campos. Permite tomar decisiones basadas en datos y evidencia en lugar de suposiciones, lo que puede llevar a mejoras significativas en los resultados y el rendimiento de las estrategias de marketing y los productos o servicios en línea.

-Focus Group

Un focus group, también conocido como grupo focal o grupo de discusión, es una técnica cualitativa de investigación de mercado en la que un moderador reúne a un pequeño grupo de participantes para discutir y compartir sus opiniones, actitudes y percepciones sobre un tema o producto específico. El objetivo principal de un focus group es obtener información cualitativa detallada y comprender las perspectivas de los participantes sobre un tema particular. Aquí te explico en qué consiste esta técnica:

1. **Selección de Participantes:** Se elige cuidadosamente un grupo de participantes que represente al público objetivo o al mercado que se está estudiando. Estos participantes suelen ser personas que comparten características demográficas, intereses o comportamientos relevantes para el tema de la investigación.

2. **Moderador:** Un moderador profesional dirige la sesión del focus group. El moderador es responsable de guiar la discusión, hacer

preguntas pertinentes, mantener la conversación en el tema y asegurarse de que todos los participantes tengan la oportunidad de expresar sus opiniones.

3. **Preguntas y Temas de Discusión:** El moderador plantea preguntas y temas de discusión relacionados con el producto, servicio o tema de investigación. Estas preguntas pueden ser abiertas para fomentar respuestas detalladas y opiniones personales.

4. **Interacción Grupal:** Los participantes discuten el tema entre ellos en un entorno abierto y de grupo. A menudo, se anima a los participantes a responder y reaccionar a las opiniones de los demás, lo que puede generar debates y nuevas perspectivas.

5. **Observación:** La sesión de focus group es observada por investigadores o personal de la empresa que toman notas detalladas sobre las respuestas, gestos, lenguaje corporal y reacciones emocionales de los participantes.

6. **Grabación:** A menudo, las sesiones de focus group se graban en audio o video para permitir un análisis posterior más detallado y para capturar las voces y expresiones de los participantes.

7. **Análisis de Datos:** Una vez completada la sesión del focus group, los investigadores analizan las respuestas, patrones de comportamiento y temas recurrentes para extraer insights y conclusiones relevantes.

8. **Aplicación en la Toma de Decisiones:** Los hallazgos del focus group se utilizan para tomar decisiones empresariales informadas. Pueden influir en el desarrollo de productos, estrategias de marketing, campañas publicitarias, mejoras en el servicio al cliente y más.

9. **Iteración:** En algunos casos, se pueden llevar a cabo múltiples sesiones de focus group con diferentes grupos de participantes

para obtener una comprensión más completa y representativa de la audiencia objetivo.

El focus group es valioso para explorar en profundidad las percepciones, opiniones y actitudes de los participantes sobre un tema específico. Es especialmente útil en las etapas iniciales de desarrollo de productos, cuando se busca comprender las necesidades y deseos del mercado, así como en la evaluación de campañas de marketing o estrategias comerciales. Sin embargo, es importante tener en cuenta que los resultados de un focus group representan las opiniones de un grupo pequeño y pueden no ser completamente representativos de todo el mercado. Por lo tanto, se suele complementar con otros métodos de investigación de mercado.

-Safari

El "safari" como estudio de mercado se refiere a una técnica de investigación cualitativa que implica la observación directa y discreta de los consumidores o usuarios en su entorno natural mientras interactúan con productos, servicios o espacios específicos. Este método se asemeja a un safari en la naturaleza, donde los investigadores observan a las personas en su hábitat natural para comprender mejor sus comportamientos, necesidades y preferencias. Aquí te explico en qué consiste el safari como estudio de mercado:

1. **Definición de Objetivos:** Antes de realizar un safari, los investigadores definen claramente los objetivos de la observación. Pueden querer comprender cómo los consumidores utilizan un producto en su vida diaria, cómo navegan por una tienda o cómo interactúan con un sitio web.

2. **Selección del Contexto:** Se elige cuidadosamente el lugar o contexto en el que se llevará a cabo la observación. Puede ser una tienda minorista, un restaurante, un sitio web, una oficina, un hogar o cualquier otro lugar relevante para el estudio.

3. **Observación No Intrusiva:** Los investigadores observan a las personas de manera no intrusiva y sin intervenir en su actividad. Esto significa que no hacen preguntas ni interactúan directamente con los sujetos de estudio.

4. **Recopilación de Datos:** Durante la observación, los investigadores toman notas detalladas sobre el comportamiento de las personas, sus acciones, interacciones, tiempos, gestos y reacciones emocionales. También pueden tomar fotografías o grabar video, siempre que se respeten las normas de privacidad.

5. **Inmersión en el Contexto:** Los investigadores se sumergen en el entorno para obtener una comprensión completa de la experiencia del usuario. Esto puede implicar visitar el lugar en diferentes momentos del día o en diferentes días de la semana para capturar diferentes escenarios.

6. **Análisis de Datos:** Una vez recopilados los datos, se analizan para identificar patrones, tendencias y hallazgos relevantes. Esto ayuda a comprender mejor las necesidades y deseos de los usuarios, así como a identificar áreas de mejora.

7. **Aplicación en el Diseño y Mejora:** Los resultados del safari se utilizan para tomar decisiones informadas en el diseño y la mejora de productos, servicios o espacios. Pueden llevar a ajustes en la experiencia del usuario, en el diseño de productos o en la estrategia de marketing.

8. **Confidencialidad y Ética:** Es fundamental respetar la privacidad y los derechos de las personas observadas. Se deben seguir las normas éticas y legales y obtener el consentimiento cuando sea necesario.

El safari es una técnica valiosa para obtener una comprensión profunda de la experiencia del usuario en situaciones reales. Puede proporcionar información detallada que no siempre es evidente a través de otros métodos de investigación, como encuestas o entrevistas. Sin embargo, es importante reconocer que los resultados pueden ser influenciados por la presencia de los investigadores y que representan una instantánea de un momento específico en el tiempo. Por lo tanto, se suele utilizar en conjunto con otros enfoques de investigación para obtener una imagen más completa.

-Mistery Shopper

El "mystery shopping" o "cliente misterioso" es una técnica de investigación de mercado en la que una persona, conocida como "cliente misterioso" o "mystery shopper," se hace pasar por un cliente común y corriente y visita un establecimiento o interactúa con una empresa para evaluar la calidad del servicio al cliente, la experiencia de compra y el cumplimiento de los estándares de la empresa. El objetivo principal es obtener una visión objetiva y detallada de la interacción entre los empleados de la empresa y los clientes, así como evaluar la calidad de los productos o servicios ofrecidos. Aquí te explico en qué consiste el mystery shopping:

1. **Definición de Objetivos:** Antes de llevar a cabo una evaluación de mystery shopping, se establecen los objetivos y criterios específicos que se deben evaluar. Esto puede incluir aspectos como la cortesía del personal, el tiempo de espera, la presentación de los productos, la limpieza de las instalaciones, entre otros.

2. **Selección del Mystery Shopper:** Se selecciona a una persona que actuará como cliente misterioso. Esta persona debe ser discreta, observadora y capaz de seguir las instrucciones detalladas. A menudo, el mystery shopper es un evaluador profesional que realiza estas visitas de manera imparcial.

3. **Visita o Interacción:** El cliente misterioso visita la ubicación física de la empresa o interactúa con ella de acuerdo con el escenario definido. Puede ser una visita a una tienda minorista, un restaurante, un banco, una línea de atención al cliente, un sitio

web o una aplicación móvil, según el tipo de empresa y servicio que se esté evaluando.

4. **Evaluación Objetiva:** Durante la visita, el mystery shopper evalúa aspectos específicos predefinidos y toma notas detalladas sobre su experiencia. Esto puede incluir la interacción con el personal, el tiempo de espera, la calidad de los productos o servicios, la limpieza, la presentación, entre otros.

5. **Reporte de Resultados:** Después de la visita, el cliente misterioso completa un informe detallado que incluye sus observaciones, comentarios y calificaciones según los criterios predefinidos. Este informe se envía a la empresa o al cliente que solicitó el servicio de mystery shopping.

6. **Retroalimentación y Mejora:** La empresa utiliza los resultados del informe para identificar áreas de mejora en su servicio al cliente y operaciones. Pueden tomar medidas correctivas, capacitar al personal o implementar cambios en base a las recomendaciones del cliente misterioso.

7. **Confidencialidad:** Es importante que el cliente misterioso mantenga la confidencialidad de su identidad y propósito para evitar que el personal de la empresa se comporte de manera atípica durante la visita.

El mystery shopping es una herramienta valiosa para evaluar la calidad del servicio al cliente y la experiencia del cliente desde una perspectiva objetiva. Ayuda a las empresas a identificar áreas de mejora y a mantener altos estándares de atención al cliente. Esta técnica se utiliza en una variedad de industrias, incluyendo el comercio minorista, la hospitalidad, la banca, los restaurantes y más, para garantizar que los clientes reciban un servicio de calidad y una experiencia positiva.

Después de ver las diferentes metodologías de recogida de datos, se recomendará el uso de la entrevista personal y el cuestionario como métodos más sencillos y económicos. Lo único que te costará es tiempo en diseñar la entrevista y/o cuestionarios, distribuirlos entre los usuarios objetivo y después analizar las diferentes respuestas. Lo ideal es hacer un ambas para obtener datos cualitativos y cuantitativos, pero si solo quieres hacer una, lo mejor sería el cuestionario al ser más rápido y masivo.

La entrevista personal como forma de validar si mi idea cubre una necesidad

La entrevista personal es la estructuración de una serie de preguntas ordenadas de cierta forma lógica para realizárselas a un usuario en concreto. Este tipo de metodología proporciona información cualitativa sobre el estudio del mercado que se quiere hacer.

Para estructurar la entrevista personal hay que tener las siguientes secciones en cuenta:

- Introducción: en esta parte te tienes que presentar y dar una breve descripción de la intención de la entrevista sin desvelar de que trata el producto o la idea de negocio.

Ej.: Buenas, soy Nombre, Apellido y emprendedor, tratando de ver si puede haber una mejora en la venta del stock de habitaciones de los alojamientos turísticos. En concreto, estoy tratando de ver si hay modelos de venta y formatos de oferta que ayuden a aumentar la ocupación.

- Preguntas demográficas o de características del usuario: en este apartado hay que hacer preguntas que construyan el perfil del usuario como género, edad, puesto de trabajo... y de características que nos interesen, por ejemplo, en el caso de una agencia de viaje, ¿has viajado en el último año?

- Batería de preguntas básicas: ahora es el momento de poner las preguntas que sean necesarias para saber la aceptación de la idea de negocio por el usuario. Lo ideal es poner entre 6 y 10 preguntas claves para no saturar al usuario, además de ser abstracto con la idea de negocio, hay que hacer preguntas que nos ayuden a saber la necesidad del usuario y si las características de nuestra idea pueden ayudarle, pero sin desvelar el producto. Ej. ¿Te gustaría probar nuevas formas de venta de viajes? o ¿El precio es determinante para decantarte a la hora de elegir un viaje?

- Cierre de la entrevista: en esta parte de la entrevista hay que cerrarle al usuario explicándole la finalidad de la misma y presentándole la solución que se propone con la idea de negocio. Además, se intentará captar el lead del usuario, es decir, su email si está interesado y quiere que se le avise cuando salga el producto.

Ej.: Nosotros somos una startup que está trabajando en una plataforma para que los alojamientos turísticos puedan vender el stock sobrante de habitaciones y conseguir una ocupación incremental. Con ello creemos que la plataforma debería darle el control de la oferta a los alojamientos (cupo flexible) y, estos puedan vender el stock sobrante mediante nuevos formatos de venta atractivos para el usuario como subastas. Si crees que tú o alguien puede estar interesado, nos puedes dejar tus datos para que puedan probarlo gratis.

El cuestionario como método de validar si mi negocio resuelve un problema

Para obtener información más cuantitativa y datos más analítico en base estadísticas, se utilizan los cuestionarios online. Son cuestionarios rápidos y sencillos que te permiten alcanzar un número elevado de usuarios para que la muestra sea representativa y ver comportamientos y necesidades de los mismos.

Para estructurar y distribuir los cuestionarios recomendamos realizar preguntas cerradas de si/no, escalas de valoración o de escoger opciones. Estas funcionalidades se pueden realizar muy fácilmente con la herramienta de Google Forms, que permite estructurar estos cuestionarios y distribuirlos mediante link o email. Los cuestionarios se componen de la siguiente estructura, que es muy similar a la de las entrevistas:

- Introducción: en esta parte te puede servir la introducción planteada en la entrevista, ya que es igual.

- Preguntas demográficas o de características del usuario: al igual que en la entrevista hay que plantear preguntas que puedan definir al usuario, pudiendo utilizar el formato de elección de opción única, selección múltiple o pregunta abierta para que el usuario pueda escribir lo que quiera

- Batería de preguntas básicas: como hemos comentado antes, las preguntas deben ser cerradas, es decir, no deben dejar la posibilidad de que el usuario pueda escribir lo que quiera. También, a continuación, aparecen unos tips para construir el cuestionario.

- Cierre de la entrevista: aquí se puede dejar el cierre de la entrevista, ya que sería más o menos lo mismo. Lo único que para realizar el cuestionario ya pides el email, por lo que en el cierre no es necesario pedir el lead.

Consejos a la hora de realizar tu cuestionario:

- Hay que realizar el cuestionario muy fácil y obvio para el usuario ya que el ser humano es vago por naturaleza.

- Al usuario le debería llevar entre 5 y 10 minutos para que haya más usuarios predispuestos a realizarlo.

- Lo mejor es hacerla anónima, pero siempre puedes pedir el correo para que realicen el cuestionario.

- Incluye preguntas cerradas, como las seleccionables, las de selección múltiple o la de si/no.

- Solo emplea campos abiertos para preguntas muy concretas.

2.5.- ¿Cómo extraer los insights para validar mi oportunidad de negocio?

La realización de cuestionarios y entrevistas te permitirán recoger una serie de dato, los cuales hay que tratarlos para poder obtener conclusiones e insights que la validen o refuten las hipótesis planteadas.

Pero, ¿qué es un Insight?

Un Insight es una clave o esencia sobre una de las cuestiones planteadas que nos permite encontrar la solución a un problema.

Para poder validar las diferentes hipótesis hay que extraer insights de los datos. El proceso para el tratamiento de los datos difiere entre la entrevista (análisis cualitativo) y los del cuestionario (análisis cuantitativo).

Extrayendo insights de la entrevista para validar las hipótesis

Las entrevistas realizadas te dan datos cualitativos que hay que organizar y depurar para extraer conclusiones. Para esto hay que seguir los siguientes pasos:

1. Digerir: hay que leer detenidamente todas las notas que se han realizado durante la entrevista para encontrar las creatividades clave.

2. Compartir: hay que compartir la información y las claves de las entrevistas con el resto de los socios. Varios puntos de vista ayudan a depurar mejor la información.

3. Agrupar: hay que agrupar toda la información anterior en temas principales para poder clasificarla.

4. Modelar: identificando los principales temas, hay que ordenar y dar lógica de cómo se cuenta los resultados estructurándolos con coherencia.

Extrayendo insights del cuestionario para validar las hipótesis

Los cuestionarios nos proporcionan datos cuantitativos de una gran muestra a la que se le ha enviado el cuestionario. Para extraer las claves de los cuestionarios hay que seguir unos pasos similares a los de las entrevistas:

1. Digerir: en este caso hay que descargar todos los datos en un fichero Excel para poder tratarlo y sacar métricas clave como porcentajes, medias, gráficos...

2. Compartir: al igual que en las entrevistas, hay que compartir toda la información extraída con los socios para tener diferentes puntos de vista, aunque estos datos son muy objetivos.

3. Agrupar: hay que categorizar todas estas estadísticas en temas para poder clasificarla según el tipo de pregunta.

4. Modelar: hay que ordenar los temas anteriores para contar los resultados de forma lógica, sacando gráficas y tablas que ayuden a la compresión de los datos.

Se continua con el ejemplo de la agencia de viajes, donde las entrevistas personales se hacen a hoteles y los cuestionarios a futuros viajeros.

Principales conclusiones de la entrevista personal:

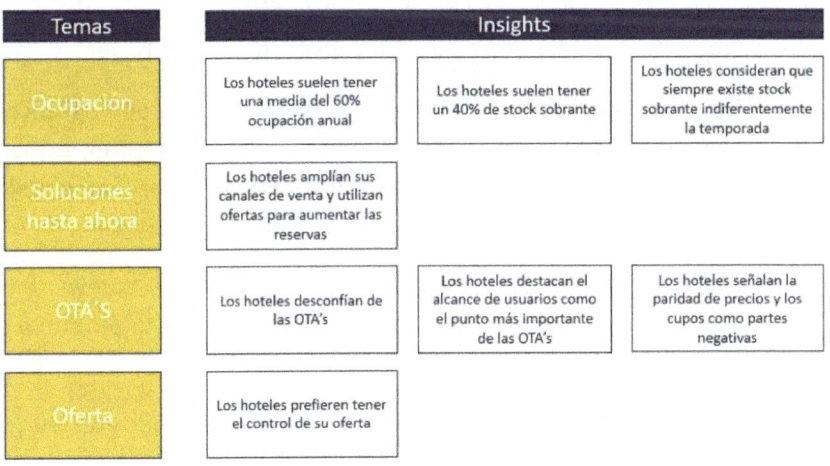

Temas	Insights		
Ocupación	Los hoteles suelen tener una media del 60% ocupación anual	Los hoteles suelen tener un 40% de stock sobrante	Los hoteles consideran que siempre existe stock sobrante indiferentemente la temporada
Soluciones hasta ahora	Los hoteles amplían sus canales de venta y utilizan ofertas para aumentar las reservas		
OTA'S	Los hoteles desconfían de las OTA's	Los hoteles destacan el alcance de usuarios como el punto más importante de las OTA's	Los hoteles señalan la paridad de precios y los cupos como partes negativas
Oferta	Los hoteles prefieren tener el control de su oferta		

Principales conclusiones del cuestionario:

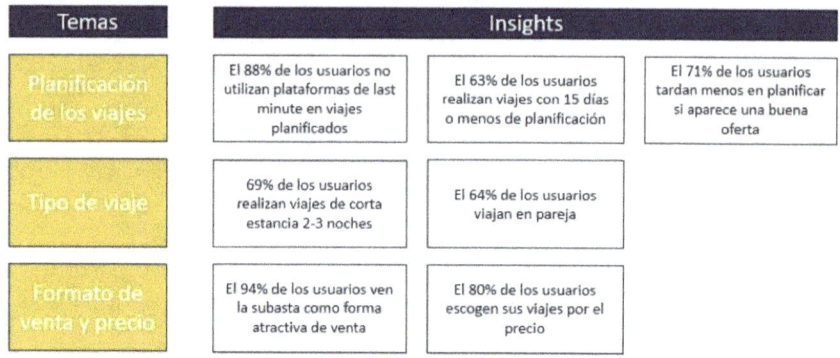

2.6.- ¿Cómo conocer bien al usuario al que resuelves su problema?

Una vez realizados los segmentos de tu target es hora de pasar a crear el buyer persona para conocer en profundidad a tu target.

¿Qué es el buyer persona?

Es la creación de una persona ficticia que reúna las características más representativas de un segmento cruzando las variables más importantes.

Para construir el buyer persona hay que completar los siguientes puntos:

- Nombre: elige el nombre que más te guste para tu buyer

- Datos demográficos: hay que seleccionar los datos demográficos clave para tu negocio, pero en general suelen ser edad, estado civil, localización, ocupación y salario. También es recomendable añadir una breve descripción de la persona.

- Motivaciones: aquí hay que explicar lo que le mueve y la motivación que puede tener de cara a seleccionar tu producto o servicio.

- Necesidades: aquí hay que explicar que necesidades les surge que estén relacionadas con tu negocio.

- Barreras: los posibles frenos a la hora de adquirir tu producto o servicio.

- Medios frecuentados: explicar cuáles son los canales de comunicación óptimos para llegar al buyer.

- Intereses: temas por los que muestra interés y se puede impactar al usuario.

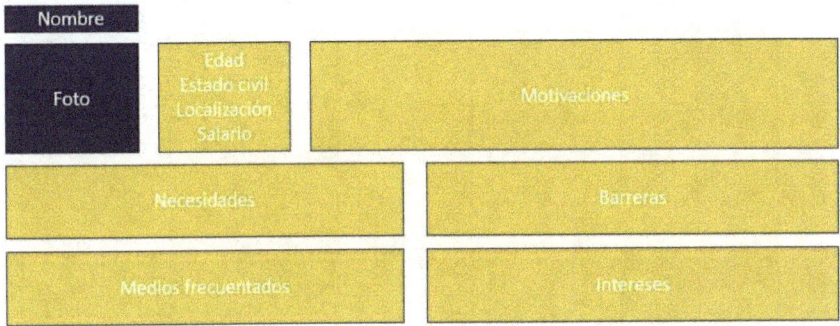

Continuamos con el ejemplo de la agencia de viajes:

Raúl el Romántico

Raúl es un oficinista de una empresa nacional que se dedica a la automoción. Él ha estudiado una ingeniería y está muy contento en su puesto de trabajo que le permite ver que se recicla allí. Tiene pareja y le gusta pasar tiempo con ella, teniendo disponible lo necesario para no caer en la rutina con sorpresas. Son una pareja que le gusta realizar viajes de fin de semana por España que no se salgan mucho de presupuesto debido a que están ahorrando para el futuro (tener hijos, casarse, comprarse una casa...)

Raúl es un trabajador medio que vive con su pareja Paula en un piso de alquiler. A la pareja le gusta hacer escapadas románticas los fines de semana por las provincias limítrofes y contratar actividades de pareja. De vez en cuando Raúl prepara un viaje más largo y de mejor calidad para impresionar a su pareja.

Edad: 28 años
Estado civil: pareja
Localización: Zaragoza
Ocupación: oficinista
Salario: 14.000€ - 18.000€ anuales

Barreras:
Confía mucho en las recomendaciones
Viajero exclusivo de fin de semana
Gasto en actividades complementarias
Hijos prematuros

Intereses:
Portales de estudiantes y páginas universitarias
Portales de empleo
Páginas de compras
Páginas informativas de ocio

Necesidades:
Buenos precios y ofertas
Hoteles que satisfagan sus necesidades de pareja
Nuevas experiencias y turismo cultural y gastronómico
Calidad media/alta al alojamiento

Medios frecuentados:
Le gusta ir mucho al cine con su pareja
Gran actividad en Facebook y otras redes sociales
Le gusta leer revistas temáticas digitales
Se suele fijar en la publicidad exterior
Se informa en diarios online de sus localidades

3.-Aprende a diferenciarte de tu competencia

3.1.- Blue Ocean Strategy para diferenciar tu producto

La estrategia del océano azul es una teoría creada en 2005 por W. Chan Kim y Renée Mauborgne. Nos da una nueva forma de pensar y nos enseña a buscar/crear nuevos huecos de mercados, en lugar de competir en los que ya existen.

La idea principal es crear y explorar nuevos mercados en vez de competir en los existentes con altos niveles de competencia, es decir, hacerse hueco en un mercado insatisfecho de baja competencia o la competencia que hay no satisface correctamente a la demanda. La clave es buscar factores donde los competidores no estén y dominar este factor encontrado.

Los puntos claves son los siguientes:

- Hay que crear nuevos huecos de mercado donde no llegue la competencia,
- La idea es que las empresas de más éxito trazan su nuevo camino y no se orientan según la competencia.
- Para superar la competencia, lo mejor es dejar de competir con esta.

¿Cómo diferenciar un Blue Ocean de un Red Ocean?

Blue Ocean:	Red Ocena:
✔ Crear espacios de mercado insatisfechos	✘ Competir en espacios ya existentes
✔ Hacer que la competencia sea irrelevante	✘ Hay que ser mejor que la competencia
✔ Crear y capturar nueva demanda	✘ Conseguir la demanda ya existente
✔ Romper la relación valor/coste	✘ Compensar la relación valor/coste
✔ Estrategia low-cost o diferenciación	✘ Tener que diferenciarse o bajar precios

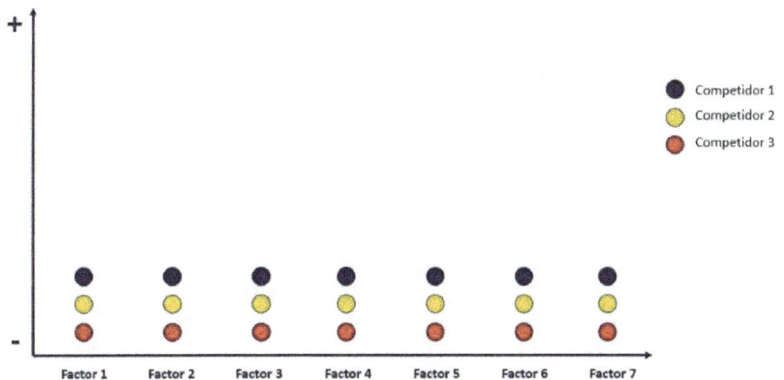

Siguiendo con nuestro ejemplo vamos a rellenar la matriz:

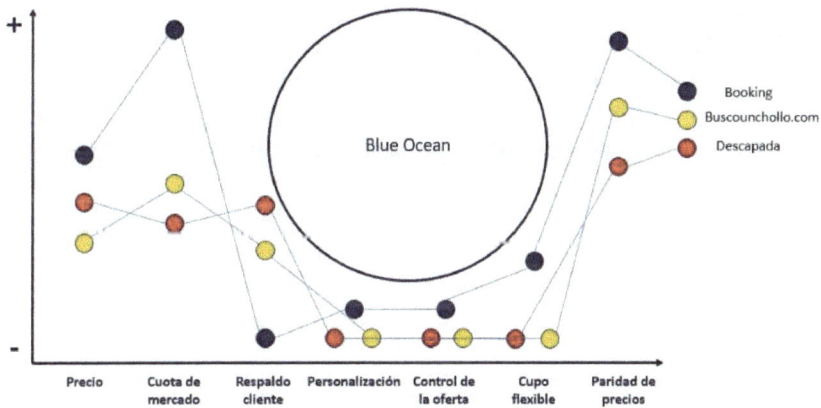

Como se ve en la matriz hay un hueco de mercado si la agencia respalda bien al cliente, personaliza sus productos, cede el control de la oferta al hotel y les da un cupo flexible no cerrado, ya que los competidores no abarcan estos factores. Esto explica cómo no hace falta competir directamente a grandes empresas como Booking, si no ver en que espacio de mercado no está presente una empresa, ya que garantiza la exclusividad de la denominación elegida y evita posibles conflictos legales en el futuro.

3.2.- Competito Landscape para conseguir una diferenciación competitiva

Esta es una herramienta que te permite analizar las diferentes características de la competencia para compararla con tu idea de negocio y ver en qué puntos se diferencia más de esta. Esta herramienta busca ver cuáles son las claves de tu negocio frente a la competencia para que las fortalezcas.

Pero, ¿dónde puedo buscar a mis competidores?

Lo más sencillo y rápido es buscar las marcas de tus competidores en Google y ver cuales salen para analizarlos. Después de analizar los diferentes competidores hay que ver cuáles son los factores claves en el sector para compararlo con tu empresa. Una vez hecho este análisis de sector, hay que seleccionar la competencia más relevante para ti.

Una vez detectada la competencia principal y los factores relevantes de tu sector, se disponen en la siguiente tabla:

	Nosotros	Competidor 1	Competidor 2	Competidor 3
Factor 1				
Factor 2				
Factor 3				
Factor 4				
Factor 5				
Factor 6				
Factor 7				

Siguiendo el ejemplo de la agencia de viaje, procedemos a rellenar la tabla:

	Nosotros	Booking	buscounchollo	Descapada
Precio	Bajo	Medio	Bajo	Bajo
Variedad venta	Alta	Baja	Baja	Baja
Atención personalizada	Alta	Baja	Media	Media
Comisión	5-15%	+15%	+15%	+15%
Paridad de precios	Si	No	Si	Si
Cupo flexible	Si	No	No	No
Control de la oferta	Si	No	No	No

3.3.- Value Proposition Canvas para definir tu propuesta de valor consiguiendo la diferenciación del producto

La herramienta Value Proposition Canvas te permite definir tu propuesta de valor relacionando las características que crean alegrías en tus usuarios con estas, y los factores que alivian de frustraciones a tus usuarios con estos. Además, te permite estructurar las tareas o pasos que debe hacer el cliente en tu propuesta de valor.

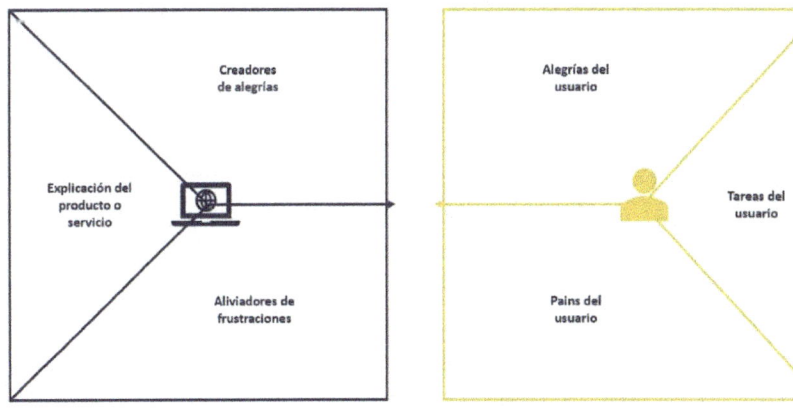

Viendo la tabla anterior, vamos a explicar cada punto:

- La explicación del producto/servicio se refiere a exponer el producto que ofreces y su propuesta de valor para el usuario en una frase.

- Los creadores de alegrías son las funcionalidades de tu negocio que causan un beneficio al usuario, estos creadores deben atacar los beneficios/alegrías que el usuario espera obtener.

- Las alegrías son los beneficios que los usuarios esperan obtener y deben ser cubiertas por los creadores de alegrías.

- Los aliviadores de frustraciones son funciones de tu negocio que están encaminados a resolver los principales pains o frustraciones del usuario.

- Los pains del usuario son los principales problemas que el usuario quiere resolver, estos problemas estarán solucionados por los aliviadores.

- Tareas del usuario, son las acciones que realiza el usuario cuando busca un producto/servicio en tu sector.

Una vez explicado el modelo, seguimos con el ejemplo de la agencia de viajes:

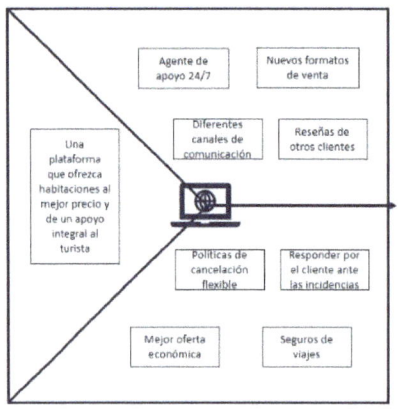
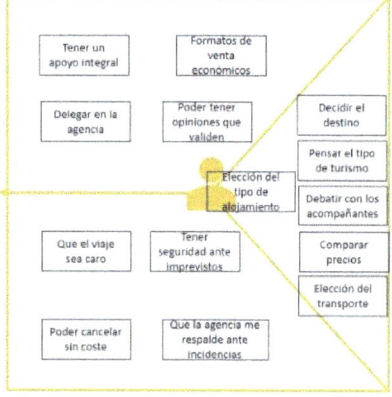

3.4.- Business Model Canvas para definir tu modelo de negocio único

La herramienta Canvas permite definir el modelo de negocio que asienta las bases sobre las que una empresa crea, proporciona y capta valor. Esta herramienta aterriza las directrices de cómo una empresa se quiere construir. Es una herramienta muy famosa y las más utilizada como modelo de creación de negocios, además, esta se usa como estructura previa al plan de negocios. Sirve para estructurar con exactitud:

- Tipología de negocio que se va a construir.
- A qué usuarios va dirigido el negocio.
- Los procesos de venta que se van a llevar a cabo.
- La estructura de costes e ingresos del negocio.

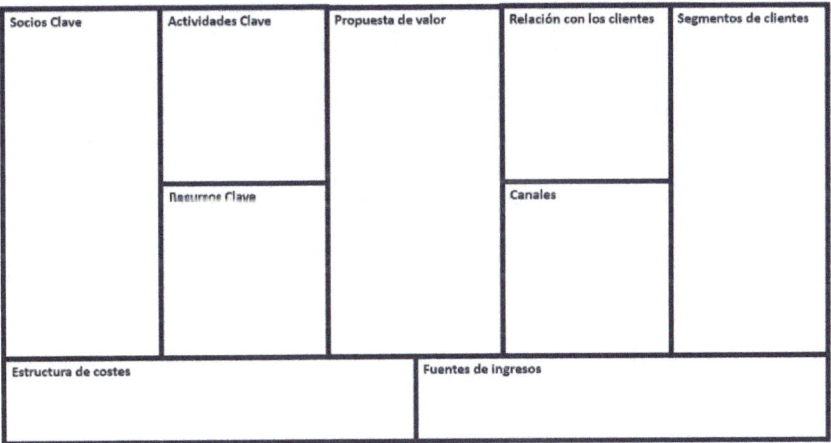

Aquí una explicación de los diferentes puntos del modelo de negocio Canvas:

- Socios clave son todas las empresas o agentes que necesita tu negocio para salir adelante.
- Las actividades clave son las tareas que se deben hacer para que el negocio funcione con normalidad.

- Recursos clave son todo lo necesario a nivel tecnológico, económico, físico y humano para poder ofrecer los productos o los servicios a los usuarios.
- Propuesta de valor son los beneficios y ventajas que ofrece tu negocio y la explicación de cómo vas a ofrecerlos.
- En la relación con los clientes hay que describir la forma en la que te quieres dirigir a ellos y el tono que quieres usar.
- Canales son las diferentes formas con las que te quieres comunicar con los clientes y loes canales de venta que vas a utilizar.
- Segmentos de clientes son los diferentes targets que te quieres dirigir.
- Estructura de costes consiste en definir todos los costes que va a tener la empresa cuando empiece la actividad.
- Fuentes de ingresos consiste en explicar las diferentes formas en las que la empresa va a generar los ingresos y ganar dinero.

Los socios clave, las actividades clave y los recursos clave determinan el cómo se va a llevar a cabo el modelo de negocio. La propuesta de valor explica que se va a llevar al cabo. La relación con los clientes, los canales y la segmentación explican a quién va dirigido tu producto o servicio. Y la estructura de costes y fuentes de ingresos explican cuánto va a costar.

Además, la parte de la izquierda corresponde a factores de la empresa y la de la derecha corresponde al mercado, mientras que la propuesta de valor es el nexo entre empresa y mercado.

Como ya hemos visto, vamos a seguir con el ejemplo de la agencia de viajes:

Socios Clave	Actividades Clave	Propuesta de valor	Relación con los clientes	Segmentos de clientes
Proveedores Gestoría Empresa de hosting Plataformas	Crear la web Generar contenido Cerrar acuerdos Marketing Venta Atención al cliente	Una plataforma que ofrezca habitaciones al mejor precio y de un apoyo integral al turista Respaldar el cliente ante cualquier incidencia Políticas de cancelación flexibles	-Tono cercano -Personalizada -Contenido de utilidad -Información útil -100% online	Parejas 25-54 años
	Recursos Clave Web Oficina Seguros Plataformas Recursos humanos		**Canales** -RRS -Email -WhatsApp -Telefónica -Web -Boca a boca -Venta online	
Estructura de costes Cuenta del banco Pago proveedores Costes constitución Gestoría Mantenimiento web Oficina	Marketing Hardware Seguros		**Fuentes de ingresos** Comisión del 12,5% sobre el PVP mediante tarjeta o transferencia	

3.5.- Misión, visión y valores para definir tu modelo de negocio

Plantear estos puntos ayudan a cimentar las bases de una empresa de las cuales se basarán las estrategias y la ejecución de las mismas en el plano más táctico.

Misión: definiendo el modelo de negocio actual

La misión se centra en el objetivo para el presente, siendo inmediata, precisa y específica, donde describe la motivación de crear tu empresa, tus productos y/o servicios.

Vamos a poner el ejemplo de la misión de la agencia de viajes:

Fomentar un turismo "Glocal" y sostenible democratizando las habitaciones de hoteles nacionales para ayudar al pequeño comercio.

Visión: definiendo el modelo de negocio a largo plazo

La visión es, en cambio, más global, porque es una declaración de intenciones y aspiraciones a largo plazo, donde se describe como visualizas el futuro de la empresa y los objetivos que se desean alcanzar.

Vamos a poner el ejemplo de la visión de la agencia de viajes:

Incentivar los flujos turísticos creando una relación sostenible en el tiempo de trust building con los colaboradores y el turista generando valor añadido.

<u>Valores: principios de mi modelo de negocio</u>

Los valores son los principios éticos, morales y profesionales que evidencian la identidad y espíritu de una empresa, es decir, son los rasgos de personalidad de una compañía.

Vamos a poner el ejemplo de los valores de la agencia de viajes:

- *Colaboración*
- *Transparencia*
- *Empatía*
- *Trust building*
- *Compromiso*
- *Cercanía*

Una vez definido ampliamente el modelo de negocio, es hora de hacer una prueba real con un MVP lanzado al mercado.

4.-Valida tu idea con usuarios reales con un test de mercado

4.1.- Introducción hacia el MVP o Producto Mínimo Viable como test de mercado

El MVP o Producto Mínimo Viable es lo mínimo que se tiene que construir para mostrar tu idea a un cliente potencial. Lo ideal es crear algo que pequeño o la parte más fundamental de tu proyecto, sin que este sea el producto final, pero que sirva para validar que resuelve la necesidad del usuario. ¡Muy importante, gastar el mínimo de recursos económicos!

A la hora de crear un MVP debes tener claro que no hace falta desarrollar una app o web contratando un desarrollador. Tampoco necesitas un proveedor para ofrecer el producto de forma tangible para saber si un cliente está interesado en tu producto, por lo que no necesitas stock inicial. Además, tampoco necesitas contratar a personal.

¡SE PUEDE CREAR UNA WEB SIMPLE CON UNA HERRAMIENTA GRATUÍTA DONDE OFRECER EL PRODUCTO SIN TENERLO REALMENTE!

Realizar una prueba de mercado con un MVP reporta muchos beneficios para tu negocio:

- Ahorra mucho tiempo de desarrollo.
- Ahorra mucho dinero al no tener que disponer del producto final.
- Aprendes rápido de las necesidades del mercado.
- Replantea el enfoque de tu modelo de negocio si es necesario antes de invertir.
- Valida tus hipótesis en un mercado real.
- Te ahorras tener que disponer de una web o app desarrollados

4.2.- Herramientas no code para el test MVP y lanzar pruebas de mercado

El no code es una forma de trabajo que trata democratizar el acceso al desarrollo de software sin necesidad de poseer ningún conocimiento de programación. Te permite crear tu propia startup sin necesidad de poseer conocimientos de desarrollo web o app y sin tener que contratar un perfil que posea estos conocimientos. Lo más importante de esta forma de trabajo es que te permite experimentar con los MVP para hacer test en el mercado real para validar tu idea.

Existen herramientas no code para desarrollar el software:

-Herramientas para desarrollar páginas webs o plataformas: Shopify permite crear tu propia tienda online, mientras que Carrd permite desarrollar una página web con un formulario para captar leads.

-Herramientas para automatizaciones e integraciones:

-Desarrollo de aplicaciones móviles, herramientas como Glide o Adalo pueden ayudarte a realizar test de App.

-Plataformas para realizar pagos:

-Bases de datos, CRMs y herramientas internas: Asana o Trello te permite crear plataformas para el seguimiento de tareas interno y compartirlo en un espacio. Por su parte Notion y Hubspot te permiten crear CRMs (herramientas para atención al cliente y venta comercial) de forma gratuita. Por su parte Stacker sirve para crear bases de datos de varios tipos.

-Y, para terminar, herramientas de Data Science e Inteligencia Artificial como Voiceflow o ChatGPT que ha supuesto una revolución en el mercado.

Después de ver todas las herramientas No Code, la recomendación para hacer tu test de mercado es utilizar Carrd o Lauchaco para crear tu landing page de prueba, utilizar la versión gratuita de Hubspot para hacer el seguimientos de leads (también se puede utilizar Notion, pero Hubspot es mucho más completa) y realizar el formulario de contacto con un Google Forms o incrustar el formulario de contacto de Hubspot (esto sería lo ideal para que se recogieran tus leads automáticamente en esta plataforma).

Para montar tu landing page de prueba, te recomendamos los siguientes puntos:

- El título debe centrarse en los beneficios y no en las funcionalidades, haciendo al usuario que le llame la atención el problema que resuelve y dándole valor añadido.

- Escoger una imagen que explique el producto.

- Usa un copy que sea convincente.

- Añade y expón los precios para ver su aceptación por el mercado.

- Añade un call-to-action de adquisición del producto llamativo que redirija el formulario de Hubspot o al de Google para obtener el lead y diciéndole al cliente que aún estáis en desarrollo, pero que puede dejar sus datos para que le contactéis cuando el producto se lance.

- También puedes incluir el formulario de contacto a primera vista en esta landing.

- Puedes añadir testimonios, reseñas o comentarios falsos para dar más credibilidad.

- Hay que hacer la web responsive.

- Haz la web lo más simple posible y pide los menos datos posibles.

4.3.-Test Card para lanzar una prueba que valide tu producto

Esta herramienta consiste en disponer de las hipótesis planteadas en la matriz de hipótesis y darle respuestas con el test que lances con el MVP. Solo es definir los criterios necesarios para poder validar tu idea en el mercado real.

Rescatamos la matriz de hipótesis:

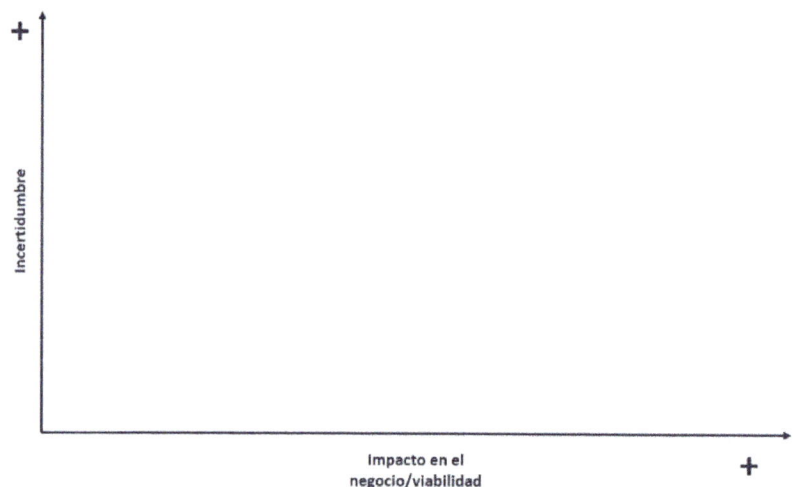

A continuación, solo hay que crear la test card para ir validando las hipótesis.

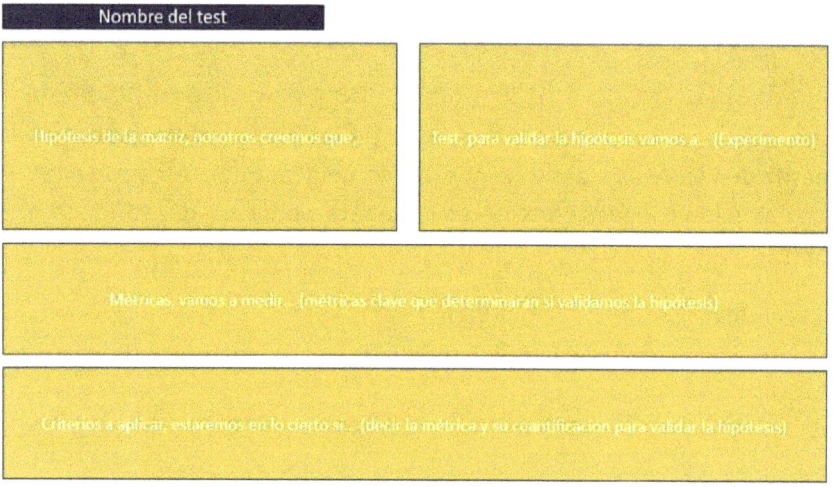

Una vez realizada esta test card, hay que proceder al test y de los resultados obtendremos una learning card.

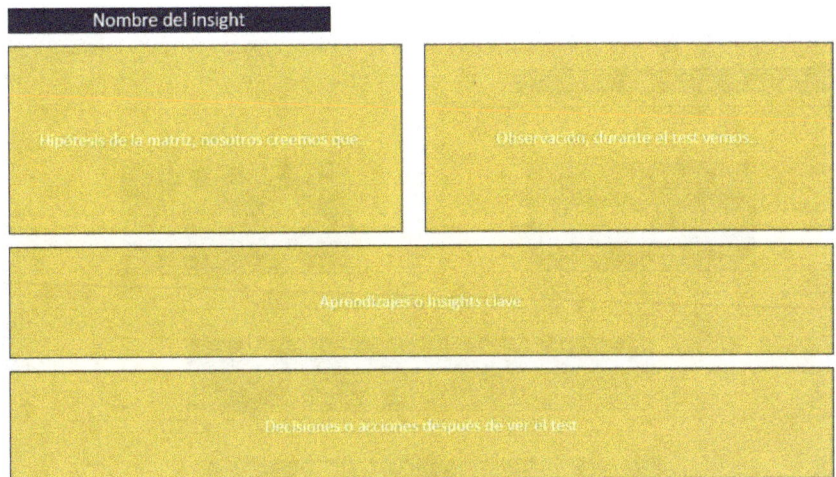

Una vez explicado, rescatamos la matriz de hipótesis de la agencia de viajes.

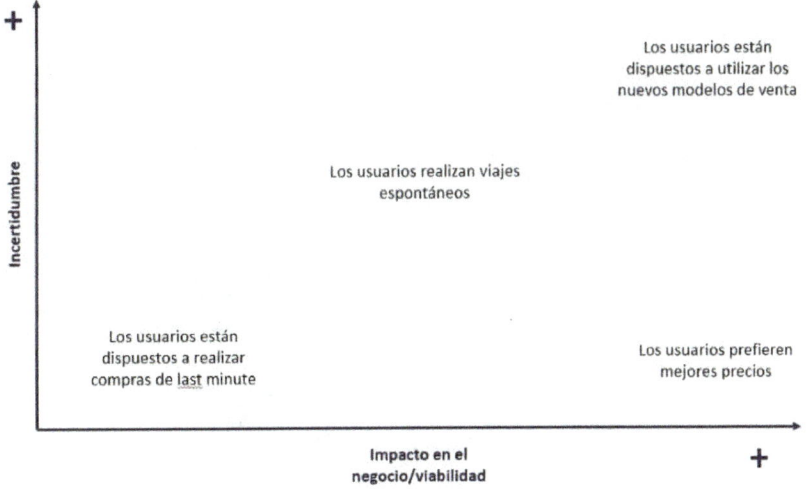

Vamos a hacer el ejemplo, de la hipótesis de los usuarios están dispuesto a utilizar nuevos modelos de venta. Después de seleccionar la hipótesis creamos su test card.

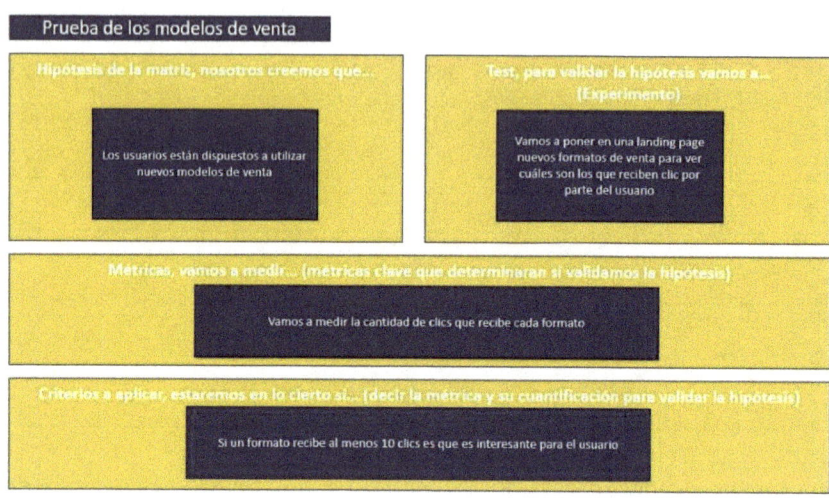

Una vez realizada la prueba, procedemos a completar la learning card.

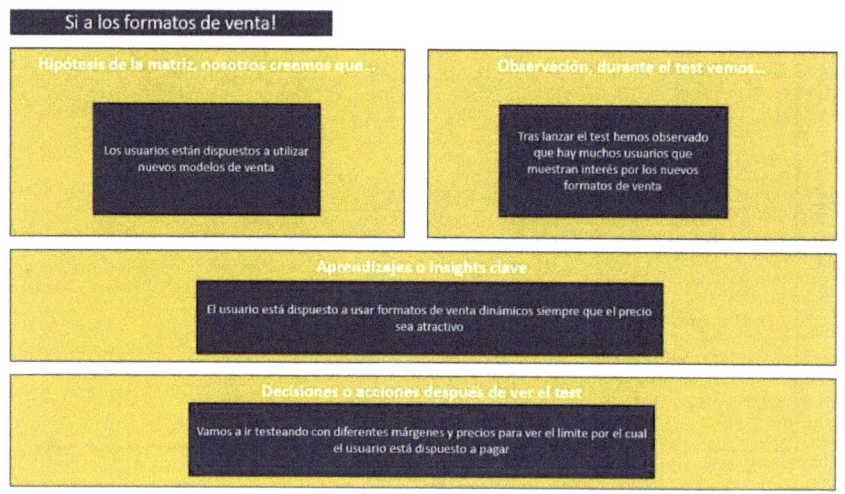

4.4.-Smoke test: cómo validar mi idea sin tener el producto, solo con un test MVP

Como su propio nombre indica, es un test de humo donde no hay nada detrás, es decir sin tener el producto. Este test es el que se ha explicado en los puntos anteriores, pero no está de más definir el tipo de test que se va a utilizar para validar la idea en el mercado real. Este test permite validar si la idea tiene hueco en el mercado siendo muy rápido y bajo en costes.

Es lo que se ha explicado, en vez de poner el producto, se pode un link de formulario de contacto para registrar el lead diciéndole que se está desarrollando el producto y que cuando esté listo se le avisará.

Este test permite:

- Medir la demanda real del modelo de negocio.
- Medir métricas web, CTRs, conversiones...
- Permite testear el precio y cambiarlo si fuera necesario.

Una vez testeado el producto en el mercado toca aprender unos fundamentos clave para continuar con tu startup.

5.-Introducción básica al marketing para startups

5.1.- Marketing digital como método low-cost de paid vs métodos orgánicos

El marketing es una disciplina empresarial y un conjunto de estrategias que se centran en identificar, comprender y satisfacer las necesidades y deseos de los clientes de manera rentable. Implica la planificación y ejecución de actividades que van desde la investigación de mercado y la segmentación de clientes hasta la promoción de productos o servicios, con el objetivo de establecer conexiones sólidas con la audiencia, generar demanda y fomentar la lealtad del cliente. En última instancia, el marketing busca crear valor tanto para la empresa como para sus clientes, impulsando el crecimiento y el éxito empresarial.

El marketing digital es una rama del marketing que se enfoca en utilizar canales y plataformas en línea para promocionar productos, servicios o marcas. Este enfoque implica estrategias de publicidad en línea, presencia en redes sociales, marketing de contenidos, SEO (optimización de motores de búsqueda), email marketing y más. El marketing digital busca llegar a la audiencia en el mundo virtual, aprovechando la tecnología y la conectividad para alcanzar objetivos de visibilidad, adquisición de clientes, interacción y conversión en un entorno digital en constante evolución. Las principales ventajas son:

- Los resultados son medibles.
- Las audiencias son más fáciles de segmentar.
- Es más fácil escalar la publicidad.
- Es más sencillo pivotar la estrategia de digital.
- Esmás sencillo y rápido aplicar optimizaciones.

En la publicidad digital existen dos formas de conseguir llegar a tu target el formato de pago o paid y la publicidad orgánica.

La publicidad de pago, también conocida como publicidad de pago por clic (PPC), es una estrategia de marketing en línea en la que los anunciantes pagan a una plataforma, como Google Ads o Facebook Ads, cada vez que un usuario hace clic en su anuncio. Esta forma de publicidad permite a las empresas promocionar sus productos o servicios de manera inmediata y precisa, ya que pueden dirigirse a audiencias específicas según palabras clave, ubicación, intereses y otros criterios. La publicidad de pago ofrece resultados rápidos y medibles, lo que la convierte en una herramienta valiosa para generar tráfico, conversiones y aumentar la visibilidad en línea.

Las ventajas son:

1. **Resultados Rápidos:** El paid proporciona resultados casi inmediatos. Tus anuncios aparecen en los resultados de búsqueda pagados de inmediato y puedes obtener tráfico y conversiones rápidamente.

2. **Control Total:** Tienes un control preciso sobre tu inversión publicitaria, lo que te permite ajustar presupuestos, palabras clave y estrategias en tiempo real.

3. **Visibilidad Garantizada:** Tus anuncios se muestran en la parte superior de los resultados de búsqueda, lo que garantiza una visibilidad inmediata para tu marca.

4. **Segmentación Precisa:** Puedes dirigirte a audiencias específicas según ubicación, intereses, demografía y más, lo que aumenta la relevancia de tus anuncios.

Las desventajas son:

1. **Costoso a Largo Plazo:** El paid puede ser costoso a largo plazo, ya que pagas por clic. Si no se gestiona adecuadamente, los costos pueden aumentar rápidamente.

2. **Dependencia de Presupuesto:** La visibilidad desaparece cuando dejas de pagar por anuncios, lo que significa que tu tráfico y conversiones pueden disminuir si reduces el presupuesto.

3. **Competencia:** En industrias altamente competitivas, los costos por clic pueden ser prohibitivos.

La publicidad orgánica se refiere a las estrategias de marketing que se centran en el crecimiento y la promoción de una marca o negocio de manera no pagada o natural. En lugar de utilizar publicidad de pago, como anuncios patrocinados, la publicidad orgánica se basa en la creación de contenido de calidad, la optimización de motores de búsqueda (SEO), las redes sociales y otras tácticas para atraer la atención de los usuarios de forma auténtica y genuina. Esta forma de publicidad se basa en la construcción de relaciones a largo plazo con la audiencia y busca establecer la confianza y la credibilidad de la marca a lo largo del tiempo.

Las ventajas son:

1. **Costo Efectivo a Largo Plazo:** El SEO es más rentable a largo plazo, ya que no pagas por clic. Una vez que obtienes una clasificación alta, el tráfico orgánico es gratuito.

2. **Credibilidad y Confianza:** Los resultados orgánicos a menudo se perciben como más confiables y dignos de confianza para los usuarios.

3. **Sostenibilidad:** Las clasificaciones orgánicas pueden mantenerse durante un período prolongado, lo que proporciona un flujo constante de tráfico.

4. **Mejora de la Experiencia del Usuario:** El SEO se centra en la mejora de la experiencia del usuario, lo que puede tener un impacto positivo en la retención y la satisfacción del cliente.

Las desventajas son:

1. **Resultados más Lentos:** El SEO lleva tiempo obtener resultados significativos. Puede tomar semanas o meses antes de ver mejoras en las clasificaciones.

2. **Requiere Esfuerzo Continuo:** El SEO es un proceso en constante evolución que requiere mantenimiento constante y ajustes para mantener y mejorar las clasificaciones.

3. **Competitividad:** En industrias altamente competitivas, alcanzar las primeras posiciones orgánicas puede ser un desafío.

Hay que tener en cuenta una no es mejor que la otra y que lo mejor es realizar una estrategia de paid con orgánico. Lo mejor para empezar en paid de forma que puedas invertir lo que quieras y empezar con poco dinero es utilizar las plataformas de Google Ads y Meta Ads.

5.2.- Definir mi funnel de conversión para empezar a realizar publicidad

Para poder realizar una buena campaña de marketing hay que tener muy claro el embudo de conversión que va a seguir tu target objetivo hasta acabar en la conversión. Para esto hay que analizar el funnel y saber qué puntos atacar.

Pero lo primero, ¿qué es el funnel o embudo de conversión?

Es una representación en fases que pasa el usuario desde que conoce la marca de la empresa hasta que se convierte en un cliente. Se representa como un embudo porque cada vez que se avanza de fase se va perdiendo usuarios. El embudo de conversión se divide en 3 partes:

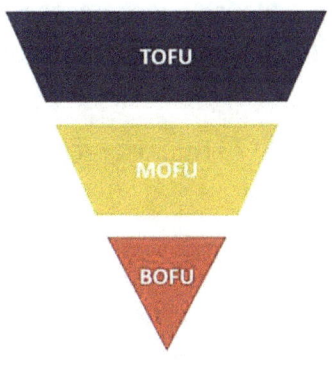

- **TOFU (Top of Funnel):** TOFU se refiere a la parte superior del embudo de conversión. En esta etapa, los usuarios están en la fase de conciencia, lo que significa que están identificando un problema o necesidad. En el TOFU, las empresas suelen ofrecer contenido informativo y educativo, como blogs, artículos, videos o infografías, diseñados para atraer la atención de una audiencia más amplia y generar interés en su marca.

- **MOFU (Middle of Funnel):** MOFU es la parte intermedia del embudo de conversión. Aquí, los usuarios han pasado la etapa de conciencia y están considerando soluciones a su problema o necesidad. En el MOFU, las empresas ofrecen contenido más específico y relevante, como ebooks, estudios de caso o webinars, para ayudar a los prospectos a profundizar en su investigación y considerar las opciones disponibles.

- **BOFU (Bottom of Funnel):** BOFU es la parte inferior del embudo de conversión. En esta etapa, los prospectos están cerca de tomar una decisión y convertirse en clientes. Aquí, las empresas proporcionan contenido que aborda preguntas específicas, como demostraciones de productos, pruebas gratuitas o consultas personalizadas. El objetivo es llevar a los prospectos a tomar una acción, como realizar una compra o solicitar más información.

El análisis del funnel nos permite entender, planificar y gestionar toda la estrategia de marketing digital de nuestro negocio. Cabe señalar que no todas las empresas utilizan el mismo modelo de embudo, cada una puede adaptarlo a su negocio.

5.3.- Storytelling clave en el marketing para conectar con tu audiencia

El storytelling es la habilidad de contar historias. En el caso de un negocio sirve para conectar a nivel emocional con la audiencia para llamar su atención y atraerlos hacia tu marca. Las piezas de publicidad se basarán en este storytelling que crees que será clave para llegar a tu target objetivo.

El cliente es el protagonista ya que le podemos transmitir lo que el producto puede hacer por ellos. Hay que identificar el problema del protagonista donde el externo es la barrera física que debe superar, pero el interno son las consecuencias más psicológicas.

Para contar un buen storytelling hay que realizar un guion:

El Protagonista ¿Qué quiere?	Y encuentra a un guía Empatía Autoridad	Y le llama a la acción
		Para tener éxito
Tiene un problema Externo Interno	Que le da un plan	
		Y evitar un fracaso

- El protagonista es el usuario que tiene el problema, es decir, tu target objetivo, pero reducida a una persona, por lo podría ser perfectamente el buyer persona que has creado en el punto anterior.
- El problema se divide en dos partes, uno el externo, que es lo que le preocupa externamente o cómo el problema le puede afectar de forma externa, y el interno, que es como repercute el problema de forma interna a nivel personal y emocionalmente.
- En el caso de la empatía es externalizar como la empresa comprende su problema y trabaja especializándose en su sector e inquietudes.
- Por otro lado, la autoridad es demostrar mediante cifras número de clientes que has conseguido, % 0de éxito, o porcentaje de mejora...

- El plan se refiere a los pasos que hay que seguir para poder adquirir tu producto o servicio. Aquí hay que seguir la regla de los 3 clics, donde no debe haber más de 3 pasos para adquirir el producto, refiriéndonos en este caso en la web.

- La parte de la llamada a la acción o Call to Action es la palabra o frase que vas a utilizar para que el usuario convierta como, "reserva ya" o "llama ya".

- El éxito se refiere a los beneficios que obtendrá el usuario por utilizar tu producto o servicio.

- Y el fracaso a los problemas que resolverá utilizando tu producto o servicio.

Seguimos el ejemplo de la agencia de viaje, pero viendo como el producto de la agencia resuelve el problema a los hoteleros:

El Protagonista	Y encuentra a un guía	Y le llama a la acción		
¿Qué quiere? Una forma/canal para poder dar salida a las habitaciones sobrantes y así aumentar la ocupación media	**Empatía** -Socios con pasado hotelero -Solo cobramos por resultado -Somos un apoyo y un plan b para los hoteles **Autoridad** -Más de X hoteles -Aumento de X% la ocupación media de nuestros socios	Solicitar demo	Contacta con nosotros	Contrata tu plan
		Para tener éxito Empieza a utilizar nuestra plataforma para vender el stock de habitaciones sobrantes y toma el control total sobre tu oferta		
Tiene un problema **Externo** No sabe qué hacer para aumentar la ocupación con las habitaciones sobrantes al corto plazo **Interno** Tener una preocupación por los resultados de la empresa que pueden repercutir en bonus y variables, e incluso su puesto de trabajo	**Que le da un plan** 1-Contacta con nosotros para colaborar 2-Te enviamos tus credenciales de la plataforma 3-Empieza a vender tu stock de habitaciones sobrante			
		Y evitar un fracaso No esperes más y no dejes habitaciones vacías en tu hotel y que tu ocupación media decaiga. No dependas de los canales de venta convencionales e innova		

5.4.- Inbound Marketing vs Outbound Marketing

El inbound marketing es una estrategia de marketing digital que se centra en atraer a los clientes potenciales de manera voluntaria y natural, en lugar de interrumpirlos con anuncios invasivos. Esta metodología se basa en la creación y distribución de contenido de alta calidad y relevante para el público objetivo, con el objetivo de atraer, comprometer y retener a los clientes.

El inbound marketing se basa en varios pilares:

1. **Contenido de Calidad:** Crear contenido valioso, como blogs, videos, ebooks, infografías y más, que responde a las preguntas y necesidades de la audiencia.

2. **Optimización SEO:** Utilizar estrategias de SEO (optimización de motores de búsqueda) para asegurarse de que el contenido sea fácilmente descubierto por los motores de búsqueda y aparezca en los resultados relevantes.

3. **Redes Sociales:** Compartir contenido en plataformas de redes sociales para ampliar su alcance y comprometerse con la audiencia.

4. **Email Marketing:** Enviar correos electrónicos informativos y personalizados para nutrir a los prospectos y mantener una comunicación constante.

5. **Automatización:** Utilizar herramientas de automatización de marketing para personalizar mensajes y rastrear el comportamiento de los usuarios.

6. **Análisis de Datos:** Medir y analizar continuamente el rendimiento de las campañas para mejorar y ajustar la estrategia.

El objetivo final del inbound marketing es convertir a los visitantes del sitio web en clientes leales al proporcionarles contenido relevante en cada etapa de su viaje de compra. Al adoptar esta metodología, las empresas pueden construir relaciones sólidas con su audiencia, generar confianza y, en última instancia, aumentar las conversiones y el crecimiento a largo plazo.

El outbound marketing, a veces llamado marketing tradicional o marketing interruptivo, es una estrategia de marketing en la que las empresas realizan esfuerzos activos para promocionar sus productos o servicios de manera directa y a menudo intrusiva hacia una audiencia más amplia. A diferencia del inbound marketing, que se centra en atraer a los clientes de manera voluntaria, el outbound marketing busca llamar la atención de los clientes potenciales sin necesariamente contar con su consentimiento previo.

Algunas tácticas comunes de outbound marketing incluyen:

1. **Publicidad en Televisión y Radio:** Anuncios de televisión y radio que se transmiten a una audiencia masiva.

2. **Publicidad Impresa:** Anuncios en periódicos, revistas y vallas publicitarias.

3. **Llamadas en Frío:** Llamar a personas que no han expresado interés previo en el producto o servicio.

4. **Email Marketing Masivo:** Enviar correos electrónicos promocionales a listas de correo masivas.

5. **Anuncios de Búsqueda Pagados:** Anunciar en motores de búsqueda mediante el pago por clic (SEM).

6. **Comerciales de Video en Línea:** Anuncios de video que se reproducen antes o durante el contenido en línea.

7. **Correo Directo:** Enviar folletos, catálogos u otras comunicaciones físicas por correo postal.

Aunque el outbound marketing puede ser efectivo en algunos casos, a menudo se considera menos eficiente en comparación con el inbound marketing en la era digital. Las personas tienden a resistir la publicidad intrusiva y prefieren buscar información de manera activa. Por lo tanto, muchas empresas han comenzado a adoptar enfoques más orientados hacia el cliente y basados en el permiso, como el inbound marketing, para llegar a sus audiencias de manera más efectiva y respetuosa.

Existen grandes diferencias entre el inbound y el outbound, destacando las siguientes:

Inbound:
- Es proactivo por el usuario
- Generarción de contenido
- Es "gratis"
- Genera tráfico orgánico de calidad
- Es a medio-largo plazo

Outbound:
- Es reactivo por parte del usuario
- Es publicidad
- Es pagado
- En tráfico de paid de menor calidad
- Resultados a corto plazo

Ninguna forma es mejor que otra, lo ideal es hacer una estrategia que englobe los dos tipos que se apoye en el desarrollo orgánico de las audiencias, potenciado por las acciones de paid.

5.5.- Principales palancas de crecimiento en el marketing

Para poder hacer crecer la empresa a través del marketing se puede utilizar las vías principales de crecimiento y desarrollo de la empresa:

- **Vía de la publicidad de paid**: consiste en hacer una fuerte inversión para captar rápidamente usuarios, generando beneficios que se volverán a reinvertir. Es muy importante señalar que debe ser más barato el coste de captar a un usuario que el beneficio que reporta. Se suelen aplicar en negocios con muy buen margen de beneficio y con costes bajos (normalmente en negocios digitales) y donde se recupere muy rápido el coste de adquisición.

- **Vía orgánica**: consiste en generar diferentes tipos de contenido interesante para tu audiencia a través de la web, las redes, blog... teóricamente "gratuito", nos referimos gratuito a que no hay que pagar para que te vean los usuarios, si no que ellos te buscarán porque les intereses. Obviamente, el contenido tendrá un coste de tiempo si lo generáis vosotros o un coste de personal en el caso de que se contrate a una tercera persona para que lo genera.

- Vía de la viralización: esta vía pretende que los clientes actuales atraigan a nuevos clientes mediante recomendaciones o reseñas. Son muy útiles para viarlizar blogs y redes sociales.

Ahora que estamos introducidos en el marketing es hora de establecer tu plan financiero.

6.-Plan financiero para Startups

6.1.- Presupuesto de constitución para una startup

El presupuesto de constitución es todos los costes que se deben realizar para abrir la empresa. Estos costes vienen incluidos todos los trámites hasta la apertura de la empresa. No obstante, también se pueden incluir costes que ya hallamos incurrido, pero que no eran necesarios para abrir la empresa, como dominios, algún dispositivo que utilice la empresa o asesoría. El capital social, en el caso de que exista, no es un coste en el presupuesto de establecimiento.

Los importes a tener en cuenta en el presupuesto de constitución son los básicos:

- **Asesoría y administración** hasta la apertura, en el caso de existir.

- **Notaría**, para constituir una sociedad se necesita disponer de un notario que firma y gestione las escrituras de la empresa. En el caso de no abrir una sociedad, este importe no es necesario.

- **Denominación social o certificado negativo**. Para solicitar la apertura de una sociedad necesitas el documento que acredite que el nombre que eliges está disponible. En el caso de no abrir una sociedad, no es necesario.

- **Registro mercantil**. Para constituir una sociedad es necesaria la inscripción en el registro mercantil que tiene un coste. Este coste te lo ahorrará si no abres una sociedad.

- **Registro de marca**. Esto consiste en dar de alta tu marca comercial y tu logo en el Registro de Patentes y Marcas para que no puedan utilizarlo sin tu consentimiento y que no te puedan plagiar.

- **Otros costes** antes de la constitución. Lo normal es que hasta la apertura de la sociedad o de darte de alta de autónomo se incurran en costes que no tienen nada que ver con los anteriores. Hay costes como prototipos, dominio y hosting, plataformas de investigación o dispositivos que puede ser que los hayas comprado antes de la constitución formal. Todos estos importes se deben incluir aquí.

6.2.- Definiendo el plan financiero de mi startup en un año tipo

Una vez presentados los presupuestos de constitución, hay que prever el coste anual que tendrá el negocio planificando todos los ingresos y costes que se incurrirán en ese año tipo. Los ingresos y costes se desglosarán de forma mensual para poder obtener datos en varios formatos temporales. Para esto se tendrá en cuenta el flow-cahs de las partidas, es decir, el ingreso o coste se imputará en el mes en el que se realice el pago para prever en qué meses se necesitará una inversión más fuerte.

<u>¿Cómo realizo la previsión de ingresos de mi empresa?</u>

Para hacer una previsión de ingresos, que no beneficios (estos son una vez deducidos los costes), se utiliza una fórmula muy básica:

Precio unitario de venta a público x nº de unidades vendidas en un mes.

Esto se extrapola como a productos físicos o virtuales, como a servicios que pueda ofrecer una empresa. Todos tendrán un precio de venta al público o PVP y venderá un número de veces al mes sus productos o servicios.

<u>Pero, ¿cómo calculo el precio de venta al público?</u>

Para calcular el precio de venta hay que tener en cuenta algunos factores:

- Costes variables: los costes variables son todos aquellos costes directamente relacionados con la venta o producción de un producto. Son costes que si no vendiéramos o produjéramos ese bien o servicio no incurriríamos en ellos. Ejemplo, si producimos botellas de agua, el coste de producción es de 0,05€ por botella, en el caso de que produzcamos no fabricásemos ninguna botella este coste no lo tendríamos.

- Costes fijos: existen otros tipos de costes que independientemente que vendamos o fabriquemos un bien o servicio, incurriremos en ellos. Tales como alquileres, empresas de gestión, cuotas del banco, mantenimiento web, seguros... Estos costes hay que tenerlos en cuenta en un año entero y dividir estos costes entre el número de unidades que esperamos vender en un año para poder atribuirlo en el PVP.
- El margen que se quiera ganar, esta cifra es un poco a conveniencia del emprendedor. No obstante, no se pueden poner márgenes disparatados que nos dejen fuera de precios de mercado. Lo mejor es hacer un análisis de precios del mercado, de nuestro sector, de productos similares y de nuestra competencia directa. Con este análisis podremos poner un precio lógico que nuestros clientes estén dispuestos a pagar, teniendo en cuenta las características del producto o servicio.

Si vale, ya tengo el PVP, ¿y la previsión de unidades vendidas?

No vamos a engañar a nadie en este punto, esta previsión es un poco lo que esperas vender alcanzando un X% la cuota de mercado de tu sector. Para calcular este X% hay que ser realistas y ver cómo está creciendo nuestro sector y ver que cuota de mercado tienen nuestros competidores. No obstante, esta cifra es la cantidad que se ha calculado en el modelo TAM, SAM y SOM. La cantidad es el SOM, pero no en unidades monetarias, si no en unidades físicas. Igualmente, siempre puedes multiplicar este X% que comentamos por el mercado total de ventas de tu sector en 1 año.

Claro, pero estamos hablando de unidades vendidas en meses no en el total año. Para esto hay que ver qué cantidad de unidades del total que ya se ha calculado, se venden en cada mes. Para esto lo lógico que se puede pensar es en dividir esa cantidad entre 12 y ya tendríamos las unidades vendidas por mes. Esto se puede hacer en el caso de que tu producto o servicio no tenga ninguna estacionalidad anual. Si no es el caso, como la mayoría de las veces, lo ideal es sacar estadísticas de ventas de tu sector por mes y ver que meses se venden más. Para esto habría que sacar la media mensual del año entero de las ventas y sacar el factor de multiplicación por mes. Esto se hace dividiendo las ventas de un mes entre la media anual para ver por cuanto debes multiplicar tu media anual. La fórmula quedaría así:

$$\frac{\text{Ventas del mes del sector}}{\text{Media de ventas mensuales del sector}} \times \frac{\text{Ventas anuales de tu empresa}}{12}$$

En todo caso, si te parece más fácil dividir directamente el número de ventas anuales entre 12, se puede hacer sin ningún problema.

Una vez tenemos el PVP y las unidades vendidas por mes, ya tenemos una previsión de ingresos mensuales de tu empresa. Obviamente, esto es para un producto, en el caso de que tengas más productos hay que hacer una previsión de cada uno. La única particularidad es que los costes fijos se dividen entre todos los productos de la empresa, a no ser que haya algún coste fijo que sea de un producto en concreto, como maquinaria específica.

¿Cómo realizo la previsión de costes de mi startup?

Durante el ejercicio de la actividad de tu negocio encontrarás diferentes tipos de costes que hay que prever y tener en cuenta en los presupuestos de la empresa. Existen varios tipos de costes:

- **Costes directamente relacionados con la venta**: este tipo de costes son los variables que se utilizan para calcular el margen bruto que queda después de la venta. Estos pueden ser costes de producción, de embalaje, comisiones...

- **Costes o inversión en CAPEX**: estos son costes asociados directamente a elementos fijos y físicos que debe mantener la empresa para desarrollar la actividad como alquileres, suministros, dominio, hosting, tarifas de línea móvil, material de oficina...

- **Costes de marketing y publicidad**: estos son todos los gastos que realizan para realizar publicidad y marketing. Incluyen gastos en agencias o freelance de marketing, SEOs, costes de publicidad en plataformas, consultores de marketing, plataformas de edición de contenido, editores de contenido, artículos de pago, promoción y descuentos de venta, asistencia a ferias para generar marca... En resumen, todo lo que tenga relación con el marketing o publicidad ya sea del formato paid u orgánico.

- Otros servicios profesionales: aquí se incluyen los gastos relacionados con la contratación de servicios externos a la empresa como gestorías, contabilidad, asesorías, informáticos, abogacía, seguros...

- **Otros gastos**: aquí ponemos el resto de los costes que no adjudicamos en el resto de las cuentas a excepción del gasto de personal o salarios, cuotas de autónomos o cuotas de la Seguridad Social.

- **Costes de personal**: aquí incluimos los costes directamente imputables a los recursos humanos de una empresa como los salarios, dinerarios o no dinerarios, beneficios sociales para empleados, planes de pensiones, finiquitos o despidos, cuotas de autónomo o de Seguridad Social...

Ya tengo mis ingresos y mis costes, ¿cómo estructuro los presupuestos e mi empresa?

Una vez que se tiene previstos los ingresos potenciales y estructurados los costes, hay que plasmarlo correctamente, preferiblemente en un archivo Excel que permita tener todas las fórmulas linkadas. Se presentaría una tabla de la siguiente manera:

	Enero	Febrero	Marzo	...
Producto 1				
Producto 2				
...				
Ingresos Totales				
Costes variables				
Comisiones				
Margen Bruto				
Costes CAPEX 1				
Costes CAPEX 2				
...				
Inversión en CAPEX				
Coste marketing 1				
Costes Marketing 2				
...				
Inversión en Marketing				
Otros servicios profesionales 1				
Otros servicios profesionales 2				
...				
Coste de otros servicios profesionales				
Otros gastos 1				
Otros gastos 2				
...				
Coste de otros gastos				
Resultados de explotación				
Coste personal 1				
Coste personal 2				
...				
Gasto en personal				
Resultado del ejercicio antes de impuestos				

Para resumir cada cálculo:

Ingresos Totales - Costes Variables - Comisiones = Margen Bruto

Margen Bruto - CAPEX - Marketing - Servicios profesionales - Otros Costes = Resultados de Explotación

Resultados de Explotación - Gasto del Personal = Resultado del ejercicio antes de impuestos

¿Es lo mismo los presupuestos de mi startup que su plan financiero?

Ya te adelantamos que no. La gran diferencia para que se entienda es que los presupuestos anteriores se han realizado según cuando se incurra los costes o según el cash flow, mientras que el plan financiero se tiene que realizar según se impute el gasto, es decir, que se debe dividir entre los meses en el que ese gasto está afectando independientemente de si se hace un único pago anual en el mes X.

Para que se entienda, vamos a poner un ejemplo. El seguro de responsabilidad civil es un gasto que se paga anualmente en el mes que corresponda. Realmente los efectos de este seguro duran todos los años, así que, aunque el pago se haga en un mes, estaría mal que solo se contabilice todo el gasto en ese mes en un coste que es anual. Por lo que para el plan financiero se debería dividir este gasto entre los 12 meses del año e imputar a cada mes un coste de este seguro.

Para realizar bien un plan financiero, habría que realizar esta mecánica en todos los costes que le sucediera lo mismo. Igualmente, para saber el flujo de caja es mejor seguir los presupuestos y así ver cuando vas a necesitar el dinero para pagar cada coste.

6.3.- Proyección a varios años del plan financiero de mi startup

Una vez realizado el presupuesto en el primer año tipo, hay que hacer una previsión a más años para ver cómo o puede escalar y evolucionar el proyecto. Por lo general, se suele hacer una proyección de 3 a 5 años para poder presentar un proyecto sólido y que se vea como se desarrolla el negocio. La recomendación es hacer una estimación a 5 años, ya que el mínimo que un proyecto necesita para ir presentando beneficios suele ser 3 años.

Para hacer esta previsión es muy simple, solo hay que cambiar los ingresos y costes totales de la tabla a 1 año del apartado anterior, haciendo el incremento según corresponda.

	Año 1	Año 2	Año 3	...
Producto 1				
Producto 2				
...				
Ingresos Totales				
Costes variables				
Comisiones				
Margen Bruto				
Costes CAPEX 1				
Costes CAPEX 2				
...				
Inversión en CAPEX				
Coste marketing 1				
Costes Marketing 2				
...				
Inversión en Marketing				
Otros servicios profesionales 1				
Otros servicios profesionales 2				
...				
Coste de otros servicios profesionales				
Otros gastos 1				
Otros gastos 2				
...				
Coste de otros gastos				
Resultados de explotación				
Coste personal 1				
Coste personal 2				
...				
Gasto en personal				
Resultado del ejercicio antes de impuestos				

Pero, ¿cómo estimo el aumento de ingresos y de costes?

El de ingresos suele ser una aproximación de como piensas y prevés que la empresa va a conseguir cada vez más ventas. Lo sencillo es utilizar x1,5 o x2 para ir estimando el aumento de las ventas. Obviamente, esto dependerá mucho del sector y del tipo de empresa. Lo mejor es hacer un estudio previo para estimar el aumento, pero si no, siempre se pueden utilizar los multiplicadores anteriores.

Los costes dependerán del tipo de costes:

- Los que dependen de las ventas aumentarán en la misma cantidad en el que las ventas aumentan.

- Los costes que puedes elegir el aumento como la publicidad, el personal o nueva maquinaria o instalaciones, aumentarán en la medida que estimes para que la empresa pueda realizar las ventas estimadas y los esfuerzos que se quieran hacer para conseguirlas.

- Los costes que son fijos y no van a cambiar, aunque la empresa venda más, lo normal es hacer un aumento anual según la tasa de inflación. La tasa de inflación es el porcentaje que aumentan los precios cada año (si usamos la anual). Lo suyo sería usar la tasa de inflación del año pasado como multiplicador para calcular el aumento de los costes de los siguientes años.

En esta parte no dejamos plantilla para descargar debido a que lo más rápido es rellenar la que hemos dejado para el año 1 y cuando se tenga esta hacer un duplicado donde utilicemos las mismas partidas y nomenclaturas de los costes en la tabla de proyección.

Una vez explicado la forma de realizar los presupuestos del negocio y sus flujos financieros, lo más seguro es que necesites buscar financiación externa de inversores o business angels que quieran apostar por tu proyecto y poder escalarlo rápidamente. Habrá casos en el que la gente preferirá buscar financiación en las 3 Fs (familiares, amigos o tontos, haciendo referencia a la gente que invierte sin pensar) o endeudarte con entidades bancarias. Lo ideal es agotar la vía de las 3 Fs, pero seguramente necesites más tarde o temprano buscar inversores externos con criterio.

Para esto vamos a ver cómo hacer un elevator pitch y configurar el mejor pitch deck posible para seducir a estos inversores.

7.-Construye un Pitch Deck atractivo para los inversores

7.1.- Creando un elevator pitch que despierte el interés en los inversores

Un elevator pitch es una breve y concisa presentación que resume quién eres, qué haces y cuál es el valor que puedes ofrecer en un tiempo tan corto como llevaría un viaje en ascensor, de ahí su nombre. Por lo general, dura entre 30 segundos y 2 minutos, dependiendo de la situación y el contexto.

El objetivo de un elevator pitch es captar la atención de tu audiencia de manera rápida y efectiva, especialmente cuando te encuentras con alguien influyente o una oportunidad importante. Puede ser utilizado en situaciones como eventos de networking, ferias comerciales, entrevistas de trabajo, reuniones con inversores o cualquier situación en la que quieras destacar y dejar una impresión memorable.

Un buen elevator pitch debe ser claro, persuasivo y enfocarse en lo que te diferencia de manera única. Debe responder a preguntas como quién eres, cuál es tu experiencia o tu proyecto, cuál es tu propuesta de valor y por qué deberían estar interesados en lo que ofreces. Practicar y perfeccionar tu elevator pitch es importante para poder comunicar de manera efectiva quién eres y qué puedes aportar en situaciones de tiempo limitado.

Un buen elevator pitch debe incluir 8 elementos:

1. Afirmación o pregunta	2. Equipo	3. Problema o necesidad	4. Solución
5. Solución	6. Beneficios	7. ¿Por qué vosotros?	8. Call to Action

1. **Afirmación o pregunta**: lo ideal es empezar con una pregunta o afirmación que capte la atención del público dando datos del problema que tiene tu target u ofreciendo estadísticas que respalden tu idea de negocio. Cuando formules tu pregunta piensa siempre que te diriges a tu target.

2. **Equipo**: después es el momento de que os presentéis diciendo quienes conforman el equipo y cual es vuestra experiencia, estudios y papel en el proyecto. Pon cosas que aporten valor al elevator pitch.

3. **Problema o necesidad**: este es un apartado muy importante porque hay que exponer que problema resuelves y que necesidades cubres. Tiene que ser conciso y claro sin que lleve mucho rodeo explicar que resolvéis.

4. **Solución**: este es el momento de la verdad donde tienes que sorprender a tu target donde tienes que presentar el nombre del proyecto y la idea que tienes de forma sencilla y breve.

5. **Detalles de la solución**: ahora aquí es donde tienes que explicar cómo funciona, cómo es la propuesta de valor y cómo el producto o servicio resuelve el problema a los usuarios. Si tienes algún mock-up o ejemplo sería de gran ayuda.

6. **Beneficios**: en este apartado hay que exponer los principales beneficios y ventajas que aporta el producto o servicio a los usuarios.

7. **¿Por qué vosotros?**: en este punto tienes que exponer las grandes diferencias entre tú empresa y la competencia y de por qué los usuarios deberían elegiros a vosotros y no a la competencia. Funciona muy bien explicar las ventajas competitivas frente a la competencia del mercado que puede aportar soluciones similares.

8. **Call to Action**: todo elevator pitch debe terminar con un call-to-action que indique al público que debe hacer para poder beneficiarse de tu solución.

Siguiendo el ejemplo de la agencia de viajes para captar a nuevos hoteles, hacemos nuestra estructura del elevator pitch.

1. Afirmación o pregunta	2. Equipo	3. Problema o necesidad	4. Solución
¿Eres un alojamiento turístico y tienes habitaciones sin ocupar?	*Miembro 1* *Explicar cuál es el rol y la experiencia* *Miembro 2* *Explicar cuál es el rol y la experiencia*	Stock de habitaciones sobrantes generado por las crisis económicas y la estacionalidad del sector turístico	*Nombre de la idea* *Slogan*
5. Solución	**6. Beneficios**	**7. ¿Por qué vosotros?**	**8. Call to Action**
Es una plataforma que permite al hotelero vender las habitaciones sobrantes y que los usuarios puedan acceder con mejores precios por ellas: -Varios formatos de ventas. -Vídeo tutoriales. -Soporte técnico.	-Ocupación incremental -Más ingresos -100% control de la oferta -Comisiones reducidas	Somos una nueva empresa con socios del sector hotelero que quiere ayudar a los hoteles a maximizar sus ingresos. Con más de 350 usuarios registrados y con más de 50 hoteles que les gustaría empezar a trabajar con nosotros	¿Quieres conseguir tu ocupación incremental? Ponte en contacto con nosotros

No obstante, una cosa es tener el elevator pitch bien estructurado y algo muy diferente es contarlo y que enganche a los inversores. Para esto siempre viene bien practicar y repetirlo una y otra vez hasta que te salga natural. Lo ideal es que la persona del equipo que tenga mejores capacidades comunicativas sea la que dé el elevator pitch.

7.1.- Creando un pitch deck de tu startup para seducir a los inversores

El elevator pitch es una conversación y una puesta en acción breve sin ningún apoyo audiovisual, en cambio, el pitch deck es una presentación más a lo aluso donde se expone ante un comité de inversores o en concursos para conseguir inversión.

Para hacer un adecuado pitch deck se debe seguir la siguiente estructura:

Portada

La portada debe incluir:

- Nombre del proyecto.
- Logo del proyecto.
- 1 línea descriptiva que os defina o slogan.
- Nombre del equipo y el puesto dentro del proyecto.
- La fecha.

Consejos a la hora de construir un pitch deck:

- Utiliza siempre los colores corporativos que recuerden al proyecto.
- Todos los títulos de las slides deben estar en la misma posición.
- Tiene que llevar una decoración que evoquen al logo.
- Se recomienda poner el imagotipo en cada slide.
- Se puede numerar las páginas para que sea más sencillo hacer referencia a las slides en las preguntas.
- Utilizar todos los iconos del mismo tipo en toda la presentación o imágenes si se prefieren utilizar. No mezclar iconos con imágenes.
- Misma fuente de texto con diferentes tamaños y grosores para dar más relevancia a unas palabras que otras.
- Lo más resumido y posible, la presentación debe ser visual.

Problema

En esta slide se debe contar el problema con su causa única y sus consecuencias únicas. Esta diapositiva debería estar conformada por tres partes muy resumidas, de causa, problema y consecuencia como en el ejemplo siguiente:

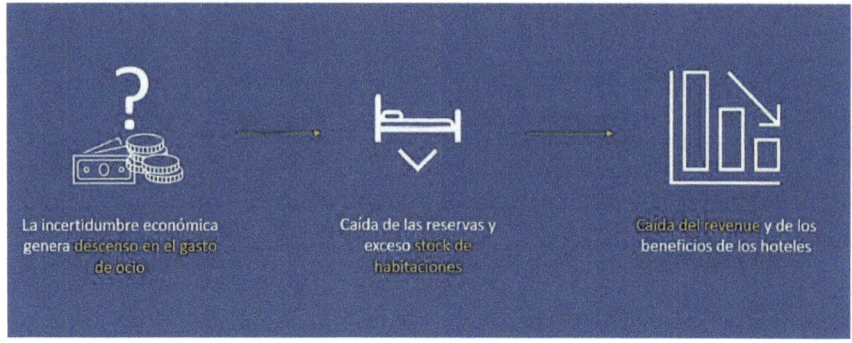

¿Por qué ahora?

En esta parte viene muy bien poner noticias, métricas, estadísticas que apoyen la problemática que existe. Normalmente, se pueden sacar los datos del análisis PESTEL.

¿Qué es un análisis PESTEL?

El análisis PESTEL, también conocido como análisis PESTLE o análisis PEST, es una herramienta estratégica que se utiliza en el ámbito empresarial para evaluar y comprender el entorno macroambiental en el que opera una organización. Este análisis considera factores políticos, económicos, sociales, tecnológicos, ambientales y legales que pueden afectar a la empresa. El objetivo principal del análisis PESTEL es identificar las oportunidades y amenazas externas que podrían influir en la toma de decisiones estratégicas de la empresa, permitiendo así una mejor planificación y adaptación a un entorno en constante cambio.

Se debería hacer un montaje muy visual que presente los datos en diferentes formatos como el siguiente ejemplo:

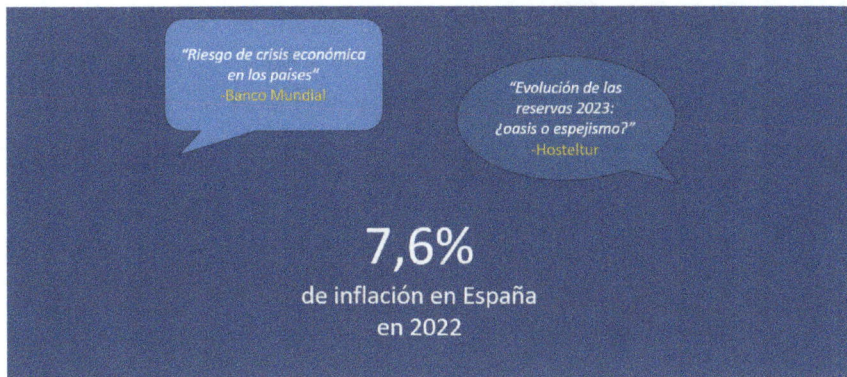

Solución

Aquí hay que mostrar el producto o servicio que resuelve la problemática planteada anteriormente. Tiene que ser muy visual por lo que se recomienda utilizar mock ups o montajes de tu producto o servicio.

Funcionalidad

En este punto se puede describir las funciones clave del producto o indicar los pasos de los 3 clics de cómo empezar a utilizar el producto o servicio.

Propuesta de valor

En este punto hay que presentar qué valor le da tu producto o servicio al usuario. Es muy importante presentar los killer data o los beneficios muy claramente y que se entiendan para que queden muy claros.

Modelo de negocio

Aquí hay que plasmar como el negocio va a ganar dinero. Es muy simple, el inversor quiere saber cómo se va a generar los ingresos y que márgenes tendrá en el caso de invertir en la empresa. Lo ideal es mostrar el precio o los precios que se van a ofrecer y los márgenes que se obtiene de cada producto o servicio.

Mercado

Aquí hay que explicar el mercado que se va a abarcar con el modelo de negocio presentado. Aquí solo habría que rescatar el ejercicio de TAM, SAM y SOM y disponerlo en la diapositiva.

Go-to-Market

En esta diapositiva solo hay que poner los canales de comunicación y de venta que el proyecto va a utilizar con los clientes y proveedores, además, de indicar el ámbito geográfico que va a abarcar el proyecto. Además, es muy importante incluir los partners claves para el negocio.

Competidores

En este apartado hay que rescatar el ejercicio de comparativa entre la competencia y nosotros para describir las características clave de diferenciación del proyecto.

Roadmap

En esta slide hay que hacer una proyección en el tiempo de los hitos o acciones clave de la empresa y de las rondas de financiación que se vayan a querer conseguir. Además, también hay que indicar como va a crecer el mercado.

Equipo

En esta slide se va a presentar al equipo del proyecto con una foto, nombre completo, rol o puesto en el proyecto, la experiencia y los estudios. Hay que indicar los datos relevantes.

Financiación y para qué se va a utilizar

Esta es la última diapositiva de la presentación, aquí hay que indicar la cantidad de financiación que se está buscando. Esto con los presupuestos hechos sabes que cantidad quieres pedir, así que habría que pedir lo que se ha presupuestado para los X años que busques la financiación. Además, hay que detallar a dónde va a ir destinada la financiación que se pida, publicidad, recursos humanos, web, producción, maquinaria, local...

Con esto ya has terminado el curso de cómo validar tu idea de negocio y asentar las bases para empezar tu proyecto. ¡Enhorabuena y suerte con tu proyecto!

www.ingramcontent.com/pod-product-compliance
Lightning Source LLC
Chambersburg PA
CBHW050317230526
45471CB00005B/2230